Petite méthode
pour
interpréter soi-même
ses rêves

Du même auteur

Le Rêve et les naïfs, Max Fourny-Vilo (épuisé), prix de l'Académie des Beaux-Arts.

L'Après-vie, croyances et recherches sur la vie après la mort, Philippe Lebaud, 1985.

Des Prodiges et des hommes, Philippe Lebaud, 1989.

Les Rêves et l'au-delà, Philippe Lebaud, 1991.

Le Dictionnaire des Rêves, Albin Michel, 1998.

L'Aide de Dieu, les saints guérisseurs, Philippe Lebaud, 2000.

Journal du christianisme, Le Félin, 2004.

En collaboration avec Isabelle Garnier

Le Livre des mères, Presses de la Renaissance, 2000, prix de l'Académie des Sciences morales et politiques.

Les Grands Rêves de l'Histoire, Michel Lafon, 2002.

La Cuisine du bon Dieu, Presses de la Renaissance, 2003, prix Allen.

Hélène Renard
avec la collaboration de Nicola Otto

Petite méthode pour interpréter soi-même ses rêves

Albin Michel

Ouvrage publié sous la direction de Laure Paoli

Sommaire

Introduction

Vous croyez que vos rêves ont un sens, même s'il est difficile à capter ? Qu'ils veulent vous dire quelque chose ? Et vous aimeriez comprendre leur message ? Alors ce livre est fait pour vous. Mais si, au contraire, vous jugez que les rêves sont uniquement des fantaisies sans signification ni utilité, alors plongez plutôt dans un bon roman.

Nul ne peut dire avec précision de quoi dépend le rêve. En tout cas, pas de notre volonté. Ni entièrement de nos désirs, de nos projets, ni exclusivement de notre passé, ni totalement de notre vécu quotidien, même si tous ces éléments n'en sont pas absents. C'est comme si le rêve se produisait en nous, mais sans nous.

Nul ne sait à quoi sert le rêve. Les scientifiques autant que les psychologues en débattent encore, chacun émettant une opinion différente. Mais le rêve a certainement une utilité, sinon pourquoi existerait-il ? On peut douter que le cerveau produise de l'inutile.

Nul ne peut prétendre épuiser la signification du rêve. Il est riche de tant de mystères ! On n'a jamais fini d'interpréter un rêve. Mais peut-on au moins commencer ? Peut-on tenter d'en approcher le sens ?

Modestement, en toute humilité, la réponse est oui. À condition de posséder quelques bases méthodologiques, il devient possible de donner à chaque rêve une signification, sans prétendre que ce soit la seule. Mais en trouver une, c'est déjà un progrès. Ce sont ces bases qui sont proposées dans cette « petite méthode ».

Je les ai mises au point au fil des années, par l'expérience, en dialoguant avec des milliers de rêveurs. En écoutant les récits de nombreux téléspectateurs et d'auditeurs[1], j'ai acquis deux certitudes : la première est que les rêves sont d'extraordinaires outils de connaissance de soi ; la seconde est que chaque rêveur reste le meilleur « interprète », car lui seul dispose des éléments reliant sa vie et son rêve.
Cette « petite méthode » vous guidera pas à pas, étape après étape, vers une meilleure compréhension de vos rêves. Elle vous invitera à mieux vous en souvenir, à en garder trace, à en observer minutieusement les éléments clés. Elle vous apprendra comment discerner les images essentielles, les « enrichir » par des associations d'idées et par la connaissance des symboles ; comment utiliser toutes sortes d'« outils » et repérer les thèmes récurrents qui se cachent derrière les images.
Bref, elle vous évitera de tomber dans le piège qui consiste à se précipiter sur une « clé des songes » affirmant péremptoirement et sommairement : « Vous avez rêvé ceci, il va vous arriver cela. » Ce serait trop simple, convenez-en.
La « petite méthode » que je propose est à l'inverse : elle invite à prendre son temps. Le temps d'observer, d'interroger, de décortiquer votre rêve. Le temps de le savourer, de l'apprécier, de s'étonner de son inépuisable créativité. Le temps de le contempler, tel un diamant vous offrant la richesse de ses nombreuses facettes. Le rêve est un miroir qui ne dit que votre vérité. Il est votre meilleur allié pour progresser personnellement.

---

1. Sur France 2, dans l'émission Matin Bonheur, j'ai dialogué sur les rêves durant sept années et, sur RTL, durant une année avec en moyenne cinq auditeurs-rêveurs par jour. Ces récits de rêves constituent le « matériau » sur lequel j'ai travaillé.

Chapitre 1

Gardez trace de votre rêve

Faites-vous partie des gens qui se souviennent facilement d'un, deux, voire trois rêves par nuit ? Ou, au contraire, éprouvez-vous des difficultés à vous souvenir de vos rêves ? Si tel est le cas, voici quelques indications pour vous aider.

1. Pour mieux se souvenir

Un des facteurs qui favorisent une bonne mémorisation est l'intérêt que nous portons à nos rêves. La mémoire, en effet, se concentre seulement sur les informations qui lui semblent importantes et utiles ; si l'on s'intéresse à quelque chose, on le mémorise ; sinon, on l'oublie.
Pour les rêves, c'est la même chose. Si le rêveur ne s'intéresse pas aux rêves, s'il pense que le rêve est une sottise, une fantaisie du cerveau qui ne délivre aucun message intéressant, sa mémoire ne fera aucun effort pour retenir le rêve.
En revanche, si le rêveur pense que toute une partie de sa vie se déroule en rêve (un tiers environ de son temps) et

qu'il souhaite apprendre à en être conscient, s'il s'intéresse aux messages délivrés par l'inconscient et les estime importants, sa mémoire commence à retenir les rêves.
Utilisez l'autosuggestion, devenez « demandeur » du rêve ! « Appelez » le rêve pour que votre intérêt soit si fort qu'il oblige la mémoire à fonctionner. Il faut se mettre dans une position de réceptivité, d'ouverture. L'autosuggestion implique que vous vous conditionniez avant de vous endormir en vous disant : « Cette nuit, je vais me souvenir d'au moins un de mes rêves. »
J'évoque volontiers une expérience avec une amie canadienne qui ne se souvenait jamais d'aucun rêve. Comme nous dînions ensemble, je lui ai offert mon *Dictionnaire des rêves*[1]. Un peu plus tard, j'ai reçu un courrier dans lequel elle m'annonçait s'être souvenue pour la première fois d'un rêve, un rêve d'incendie catastrophique. En parlant avec moi, elle a trouvé le sujet des rêves intéressant et, grâce à cet intérêt, a commencé à se souvenir de ses rêves.

Ce qui gêne la mémorisation

Plusieurs éléments peuvent empêcher la mémorisation :
– le stress du réveil sonnant au mauvais moment. Si vous êtes en plein sommeil paradoxal (voir p. 17) et en plein rêve, la sonnerie casse tout d'un coup le rêve et la mémorisation est gênée. L'idéal est alors de se réveiller à son rythme. Bien sûr, cela n'est pas toujours facile ! Les vacances sont un très bon moment pour s'entraîner à la mémorisation des rêves, car pendant cette période nous ne sommes pas obligés de mettre un réveil. Donc, le cerveau va suivre son propre rythme et la mémoire va travailler sans être coupée par la sonnerie du réveil ;

---

1. H. Renard, *Le Dictionnaire des rêves*, Albin Michel, 1998.

– les tranquillisants, les somnifères ou autres médicaments, alcool ou drogues peuvent également empêcher la mémorisation des rêves puisqu'ils modifient les phases de sommeil. Si le rythme de sommeil est perturbé, le cerveau ne peut délivrer des images nocturnes de manière naturelle. En effet, le sommeil induit par des somnifères n'est pas un sommeil normal, la plupart d'entre eux diminuant la durée du sommeil paradoxal indispensable à un bon repos et à la production de rêves. Un sommeil sain est donc nécessaire si l'on veut favoriser la mémorisation des rêves. Il est préférable d'utiliser d'autres moyens pour mieux dormir : des activités relaxantes le soir comme la lecture ou l'écoute de musique calme, un bain tiède qui favorise la détente musculaire, une tisane sédative, du lait chaud sucré…

Il peut y avoir également des éléments psychologiques qui empêchent la mémorisation. Dans le cas du refoulement, le rêveur refuse de se souvenir de son rêve[2].

2. Notez votre rêve

Le problème du rêve, c'est qu'il est extrêmement fugitif, comme une matière volatile. C'est pour cela qu'il faut tout de suite lui donner corps en le verbalisant, soit par l'écrit, soit par l'oral, soit par le dessin. Il y a deux façons de noter votre rêve. L'une n'empêche pas l'autre, vous pouvez utiliser les deux techniques à la fois : soit vous le notez dès le matin au réveil, soit vous le notez au cours de la nuit… du moins si vous n'avez pas trop de difficultés à vous rendormir.

2. Pour en savoir plus, voir « Les grandes notions de la psychanalyse », p. 58.

L'oubli du rêve selon Freud

Selon Freud, la plupart des images du rêve sont oubliées parce qu'elles sont trop faibles. Comme en état d'éveil, nous oublions un grand nombre de sensations et de perceptions lorsqu'elles ne sont pas assez marquantes. De même, dans le rêve, les images n'ayant pas provoqué une excitation mentale forte restent des ombres destinées à l'oubli.

Une deuxième raison à l'oubli du rêve évoquée par Freud est la particularité des images : nous les oublions parce qu'elles n'apparaissent qu'une seule fois et ne laissent pas une trace assez forte pour être retenues.

Une troisième cause d'oubli plus importante est le manque de cohérence du rêve. Les images, les sensations et les pensées apparaissent indépendamment, sans liaison ou sans contexte. Ce manque d'ordre et de clarté du rêve empêche dans la plupart des cas sa mémorisation : « Nous l'oublions parce que, le plus souvent, il se désorganise aussitôt[3]. »

Freud évoque également la possibilité que, dès le réveil, les impressions du jour sont trop intenses et refoulent les images du rêve. Certaines de ces images peuvent, par contre, être rappelées pendant la journée par une perception ou un événement particulier évoquant par hasard le rêve oublié.

---

3. S. Freud, *L'Interprétation des rêves*, nombreuses éditions, dont Gallimard, 1989 et PUF, 1999.

Dans les deux cas, il est important de noter le rêve immédiatement, même si vous commencez par la dernière image (parfois, il est préférable de ne pas chercher à tout prix le début du rêve car vous risquez d'oublier l'image finale). Dans un premier temps, vous pouvez vous contenter de prendre les images sans ordre.

Le matin au réveil

La première technique consiste donc à noter le rêve le matin au réveil, dès que vous vous en souvenez. Cela n'impose pas de rédiger le récit du rêve. Prenez quelques notes dominantes sans en faire une rédaction. Ces notes servent uniquement de repères pour s'en souvenir. Vous pouvez également raconter votre rêve à une autre personne. Le fait de verbaliser le rêve l'inscrit dans la mémoire.
Quand j'assurais à la télévision ma rubrique sur les rêves, tous les matins un grand nombre de rêveurs téléphonaient pour raconter leurs rêves. J'ai gardé tous leurs récits car ils constituent pour moi un matériau de travail très précieux. Ces nombreux appels montrent que beaucoup de personnes se souviennent et éprouvent le besoin de raconter leurs rêves, surtout lorsque ceux-ci les inquiètent. On raconte plus volon-tiers un rêve étrange ou inquiétant qu'un rêve cocasse, même si l'interprétation de ce dernier est, de mon point de vue, tout aussi intéressante.

Au cours de la nuit

L'autre technique consiste à noter son rêve au cours de la nuit. Chaque dormeur a des cycles de sommeil qui durent environ 90 minutes. À ce rythme, on passe d'une phase de sommeil à une autre, de la phase de sommeil profond à un sommeil plus léger qu'on appelle *paradoxal*. Au moment de rentrer dans une phase de sommeil paradoxal se produit un court instant d'éveil : c'est là qu'on se retourne dans le lit, qu'on change de position, etc. Vous pouvez profiter de ce léger moment de conscience pour noter deux ou trois mots sur un papier. C'est une question d'entraînement. Et, au bout de quelques jours ou de quelques semaines, vous vous apercevrez que vous y arrivez assez facilement.

Les différentes phases de sommeil

Chez l'homme, le sommeil est caractérisé par la perte de conscience du monde extérieur et un ralentissement relatif des fonctions de l'organisme. On distingue deux phases de sommeil différentes : le sommeil lent et le sommeil paradoxal. Les deux sommeils se succèdent en cycles d'environ 90 minutes, et ils se répètent autant de fois que l'organisme en a besoin.

Le sommeil lent

Il est lui-même divisé en quatre stades :

• Stade 1 : c'est celui de l'endormissement : les muscles commencent à se relâcher, les fonctions visuelles et auditives régressent, les activités intellectuelles deviennent de plus en plus confuses. L'endormissement correspond à une période très courte et se caractérise par des ondes alpha, les mêmes ondes que celles de la relaxation, c'est-à-dire celles d'une personne éveillée au repos, les yeux fermés.

• Stade 2 : on n'observe presque aucune activité musculaire. L'amplitude des ondes enregistrées à ce moment-là est élevée. Le réveil commence à devenir plus difficile.

• Stade 3 : le sommeil s'approfondit nettement. Le cerveau émet maintenant des ondes de type delta, les plus lentes des ondes cérébrales, caractérisées par une fréquence faible mais une amplitude forte. À ce stade, qui se produit environ 20 minutes après le début de l'endormissement, les rêves sont fréquents.

• Stade 4 : c'est celui du sommeil lent profond, caractérisée par des ondes delta, à fréquence très basse. Les signes vitaux atteignent leur niveau le plus bas, les muscles volontaires sont décontractés. Le stade 4, qui correspond à une phase de réparation physique ou métabolique, est difficile à interrompre : le dormeur que l'on réveille pendant ce stade éprouve un sentiment de confusion et de désorientation très inconfortable.

Le sommeil paradoxal

Le sommeil paradoxal succède au quatrième stade du sommeil lent et survient environ 90 minutes après l'endormissement. Les ondes émises par le cerveau deviennent très irrégulières jusqu'à ce qu'apparaissent des ondes alpha, caractéristiques du premier stade et de l'état de relaxation. On remarque diverses manifestations physiques : des mouvements rapides des globes oculaires (ou REM, *Rapid Eyes Movement*) apparaissent, la température du corps s'accroît, le cœur commence à battre plus rapidement, la respiration s'accélère et le cerveau consomme une grande quantité d'oxygène. Le cerveau est maintenant dans un état très particulier, proche de l'éveil, d'où l'expression « sommeil paradoxal ». L'énergie nécessaire aux activités cérébrales pendant cette phase est même plus importante que celle utilisée en état de veille. C'est à ce moment-là que les rêves surgissent le plus souvent. On se souvient plus facilement de nos rêves si l'on est réveillé durant ce stade du sommeil. Si l'on considère que l'on dort en moyenne entre six et huit heures, et que les phases du sommeil paradoxal se répètent toutes les 90 minutes, chacun d'entre nous rêve entre quatre et cinq fois par nuit.

3. Le journal de rêves

Dans un journal de rêves, on utilise les notes prises au cours de la nuit ou au réveil et on les rédige de façon à obtenir un récit du rêve plus complet.

Il est important d'établir la distinction entre la feuille que vous avez près de vous pendant la nuit et sur laquelle vous notez seulement quelques mots clés de votre rêve, et le journal de rêves qui, lui, mérite une rédaction plus soignée. Mais attention à ne pas déformer le rêve lorsque vous le rédigez : ne cherchez pas des mots compliqués mais respectez-le tel que vous l'avez vécu ; évitez d'en faire un exercice littéraire ! Pour cela, essayez de raconter le rêve très spontanément sans rechercher un style particulier ou une orthographe parfaite.

En principe, ce journal de rêves est secret, il appartient d'abord à votre intimité. C'est à chacun de savoir quel est, durant la journée, le meilleur moment à consacrer à son journal. J'avoue que, pour ma part, c'est le matin pendant le petit déjeuner que je rédige le mien.

Ce journal peut être particulièrement intéressant pour suivre sa propre évolution. En datant vos rêves, vous pourrez ainsi les relire quelques mois ou quelques années plus tard et les comparer avec votre vécu.

Votre journal

Je trouve important que le journal de rêves soit un bel objet agréable à regarder et à toucher. Les uns préfèrent des cahiers d'écolier, d'autres des cahiers blancs et vierges, sans lignes. Quant à moi, je choisis de jolis carnets. Je déconseille les feuilles volantes, qu'on peut égarer facilement.

Le moment que vous allez consacrer à la rédaction de votre rêve doit être un moment de bonheur : il faut que vous ressentiez du plaisir à prendre votre journal dans vos mains pour lui confier le secret de votre nuit. Cette relation à l'objet me paraît précieuse.

Chapitre 2

Repérez les éléments clés La phase d'observation du rêve

Avant d'essayer de comprendre le sens d'un rêve, il est indispensable de commencer par le décomposer en plusieurs éléments. À ce stade, il ne s'agit pas encore d'interprétation mais d'observation : on regarde le rêve, on le « décortique » pour en avoir l'approche la plus précise possible. On examine le rêve sous toutes les coutures sans essayer de lui donner un sens. Les sept étapes décrites ci-après consistent à identifier, à observer, à regarder, etc. Plus tard, nous reviendrons sur la signification de chacun des éléments repérés.

1. Identifiez l'image dominante : titrez le rêve

Tout d'abord, vous allez identifier l'image dominante. Deux moyens sont possibles :
– le premier consiste à vous dire : « J'ai fait un rêve de... » et ce qui suit est l'image dominante : « d'animal », « de ma famille », « d'argent », « de voiture », etc. ;

– le second consiste à donner un titre à votre rêve. Ce titre permet tout de suite d'identifier l'image dominante.

Il est parfois difficile de repérer l'image dominante et de la distinguer des images secondaires. Quelquefois, on peut avoir plusieurs images qui dominent, plusieurs images fortes. En titrant le rêve et en se disant : « J'ai fait un rêve de... », vous vous apercevrez de ce qui est pour vous l'image la plus intense dans votre rêve. C'est donc vous qui décidez de l'image dominante. Mais il n'est pas interdit d'en trouver deux : vous pouvez dire « J'ai fait un rêve de chien » et « J'ai fait un rêve de chien et de son maître » parce que le rôle du maître peut apparaître aussi important que celui du chien.

L'image dominante ne suffit pas à elle seule pour interpréter le rêve. Vous allez voir qu'il faut repérer également d'autres éléments avant de se mettre sur la piste de l'interprétation.

> *« J'ai fait un rêve de voiture : ma voiture partait en marche arrière sur une route escarpée, je n'arrivais pas à freiner. La personne à l'arrière, un enfant, se mettait à hurler. »*

L'image dominante est la voiture. Le fait qu'elle aille en marche arrière est une image secondaire. Le mot « secondaire » ne signifie pas « de moindre importance », mais indique seulement que cette image ou ce détail se place en seconde position après l'image dominante[1]. Vous dites : « J'ai fait un rêve de voiture » et vous titrez : « La voiture en folie » ou « La voiture en marche arrière ». L'image dominante reste en tout cas la voiture. L'enfant qui hurle est une image secondaire.

---

1. Comme cela est expliqué dans « Relevez les images secondaires et les détails », p. 28.

> *« Je me trouve dans une soirée avec mon mari qui ne s'intéresse qu'à une autre femme. Il ne me parle pas et semble beaucoup s'amuser en dansant avec elle. »*

L'image dominante est ici le mari infidèle.

> *« Dans mon rêve, je suis de nouveau à l'école : je repasse mon baccalauréat et j'ai une mauvaise note. »*

L'image dominante est l'école ou l'examen. Le baccalauréat et la mauvaise note sont des images secondaires.

Le thème dominant

Il ne faut pas confondre image et thème dominants. Dans le rêve du mari, nous avons identifié le mari infidèle comme image dominante. Mais le thème qui domine est la jalousie, générée par un soupçon d'infidélité. Dans le rêve de l'examen, le thème dominant est la peur d'être jugé.
En identifiant le thème, vous vous trouvez déjà dans une phase de l'interprétation. Or, avant de donner un sens à votre rêve, il est important de rester dans la phase de description. Ne cherchez pas à trouver tout de suite une signification aux images et contentez-vous d'en faire la liste.

2. Repérez le décor

Le décor est très important dans les rêves. C'est l'endroit ou se déroule votre rêve : un paysage, une maison, un lieu public, etc. En règle générale, il apparaît dès que vous racontez ou notez votre rêve. En disant : « Ça se passait dans… », vous déterminez automatiquement le décor. Repérez-le soigneusement. L'importance du décor est liée à la fonction symbolique de celui-ci :

– la forêt, par exemple, symbolise une certaine profondeur, des choses inquiétantes en nous-mêmes que nous ne connaissons pas très bien. Elle est donc le symbole de l'inconscient ;

– si vous êtes au bord d'une rivière ou au bord de la piscine, la symbolique du décor n'est pas la même : dans le premier cas, il y a de l'eau qui coule vers une embouchure ; dans le second, l'eau est enfermée entre quatre murs.

Le décor donne ainsi déjà en lui-même une piste importante pour l'interprétation. Néanmoins, ne cherchez pas à comprendre tout de suite ce qu'il signifie. Comme je l'ai précisé déjà pour l'image dominante, vous êtes encore ici dans la phase d'observation pure du rêve. Plus tard, vous chercherez à expliciter ce que symbolise ce décor.

Il est important de procéder à une description la plus précise possible. Si votre rêve vous situe dans une maison, par exemple, il est nécessaire de déterminer la pièce particulière dans laquelle vous vous trouvez. Chaque pièce de la maison, la cave ou le grenier, la cuisine ou la chambre, a une signification symbolique différente[2].

Le décor peut évidemment changer pendant le rêve : il peut commencer par un paysage, se poursuivre par une forêt et se terminer à l'intérieur d'un château fort. Le même rêve peut présenter plusieurs décors. Dans ces cas-là, notez-les

---

2. Se reporter à « Les dix grandes images les plus fréquentes dans les rêves », p. 97.

tous car ils peuvent tous donner des éléments intéressants et utiles pour l'interprétation.
Le fait que le décor vous apparaisse en noir et blanc ou en couleur n'est pas extrêmement signifiant. On ne sait d'ailleurs pas avec certitude pourquoi certaines personnes rêvent en noir et blanc et d'autres en couleurs. Les couleurs dans le rêve deviennent importantes uniquement dans deux cas : quand le rêveur mentionne une couleur spécifique ou lorsqu'il y a une incongruité dans le décor, par exemple si une rivière n'est pas bleue ou verte mais rouge sang. Dans ce cas, la couleur devient importante pour l'interprétation car elle prend elle-même une signification symbolique.

> *Le réfrigérateur*
> *« Je suis dans ma cuisine toute neuve quand mon réfrigérateur tombe en panne. Je ne trouve pas le numéro du dépanneur et personne n'est en mesure de me dépanner. »*

Le décor est la cuisine, qui symbolise la transformation, car c'est dans cette pièce que l'on transforme des ingrédients « bruts » en plats raffinés. L'image dominante est le réfrigérateur en panne.

> *Le jardin*
> *« Dans mon rêve, le matin, j'ouvre les volets et je vois que tous les bulbes de mon jardin ont donné des fleurs jaunes magnifiques. Je suis très heureuse car je vais enfin pouvoir offrir ces fleurs aux personnes que j'estime. »*

Ici, le décor correspond à l'image dominante du rêve, le jardin, symbole extrêmement fort de la vie intérieure du rêveur. Ce jardin indique au rêveur qu'il doit cultiver sa vie intérieure et ne pas se consacrer uniquement à des activités extérieures, qui relèvent davantage du moi superficiel.

> *La chambre d'hôpital*
> *« Je suis dans une chambre d'hôpital sous assistance respiratoire. Je n'ai aucune autonomie de mouvement. Deux hommes viennent me voir et, quand ils sont là, je ne peux plus respirer. »*

Le décor est l'hôpital, lieu de guérison mais aussi de souffrance. Il donne directement l'indication que le rêveur souffre, qu'il a besoin d'être guéri. Cet exemple montre bien l'importance du décor pour l'interprétation.

3. Découpez les différentes scènes comme pour un scénario

Jusqu'à présent, vous avez noté quelques éléments de votre rêve sans prêter attention à la succession des images. Pour mettre le rêve « en ordre », vous allez maintenant le découper en différentes scènes comme pour un scénario : identifiez la première scène, puis la deuxième, la troisième, etc., jusqu'à la scène finale. Découper les scènes du rêve permet d'établir un fil conducteur, de structurer le rêve et d'être sûr de n'omettre aucun élément important. L'interprétation sera ensuite beaucoup plus précise.

> *L'incendie*
> *« Mon lieu de travail était en flammes. L'incendie faisait rage mais je ne voulais pas partir, contrarié de laisser mes affaires* (scène 1). *Le plancher menaçait*

> *de s'effondrer* (scène 2). *C'est alors que mon chef de service m'a accusé d'avoir allumé l'incendie* (scène 3). *Cela m'a mis dans une grande colère* (scène 4). *À la fin, le feu a été maîtrisé et j'ai vu ma famille arriver en me disant : "Maintenant que tout a brûlé, nous pouvons partir"* (scène 5). »

On peut titrer ce rêve « L'incendie ». La première phrase indique le décor : il s'agit du bureau. Ensuite, on peut découper en cinq scènes qui correspondent à la ponctuation du récit car, dans ce rêve, on s'aperçoit que les différentes scènes correspondent aux différentes phrases. Quand viendra le moment de l'interprétation, vous reprendrez en détail chacune des cinq scènes pour en examiner les images et leur symbolisme.

> *L'assassin démasqué*
> *« Dans mon rêve, j'étais chez moi dans le salon. J'avais trouvé la preuve d'un meurtre. J'ai entendu une porte s'ouvrir* (scène 1). *C'était un homme que je ne connaissais pas, son visage était hideux, déformé, la paupière retroussée. C'était lui l'assassin* (scène 2). *Ses mains se sont approchées de mon cou, je me suis renversée dans le fauteuil avant de me réveiller en sursaut* (scène 3). »

Après avoir identifié l'image dominante en titrant le rêve « L'assassin démasqué » et après avoir repéré le décor (le salon), on a découpé le rêve comme un scénario en trois scènes.

4. Relevez les images secondaires et les détails

Dans cette quatrième phase, il est important de repérer toutes les images et tous les détails du rêve qui n'ont pas encore été retenus lors de la détermination de l'image dominante, du décor ou des différentes scènes. Notez tous les éléments qui n'ont pas été décrits auparavant sans chercher à les hiérarchiser.
Toutes les images que l'on n'a pas identifiées comme dominantes sont des images secondaires. Les détails constituent tout ce qui n'est pas forcément une image entière, mais une particularité de celle-ci. Même si les détails nous semblent souvent inintéressants, ils peuvent être déterminants pour l'interprétation ! Notez-les, car un détail peut tout changer et orienter vers une interprétation plutôt que vers une autre. Pour l'instant, notez-les tous, et plus tard vous verrez s'ils peuvent vous servir à comprendre le message de votre rêve.

Exemples

La voiture en marche arrière

Reprenons le rêve de la voiture en marche arrière, décrit p. 22. L'image dominante est, nous l'avons vu, la voiture qui, ici, sert aussi de décor puisque l'action se déroule à l'intérieur. Le fait qu'elle aille en marche arrière est une image secondaire. Deux autres images secondaires importantes peuvent être repérées : le fait que l'on n'arrive pas à freiner et que la personne à l'arrière soit un enfant qui se met à hurler. Un détail non négligeable peut être la route escarpée.

Les locataires envahissants

« J'avais acheté un bel appartement avec terrasse. Je

> *m'y sentais bien avec mon ami. Un jour, les locataires rentrent avec une clé et me disent qu'ils ont loué et ont le droit de rester là. Je suis mécontente. Et quand je m'assieds à table pour manger, ils sont à la même table que moi. Je déjeune sans m'occuper d'eux. »*

L'image dominante est celle des locataires envahissants, et le décor l'appartement. Ensuite, on découpe les différentes scènes :
– scène 1 : j'ai acheté un bel appartement dans lequel je me sentais bien ;
– scène 2 : les locataires entrent avec une clé et disent qu'ils ont loué l'appartement ;
– scène 3 : je m'assois à table, et ils sont à la même table que moi ;
– scène 4 : je déjeune sans m'occuper d'eux.
Le fait que les locataires aient une clé est une image secondaire. De même le fait qu'ils aient le droit d'y rester et qu'ils mangent à la même table.
Dans ce rêve, on peut donc repérer au moins trois images secondaires. Un détail important peut être l'appartement avec terrasse qui suggère un logement cossu.

5. Examinez votre comportement et votre émotion au cours du rêve

Notez votre comportement et votre émotion tels qu'ils transparaissent dans le récit du rêve. Faites cela pour chacune des scènes si le scénario s'y prête.
– Que faites-vous dans le rêve ?
– Comment réagissez-vous ?

– Que ressentez-vous ?
– Quelle est votre attitude pendant le rêve ?
Pour mieux repérer vos comportements et vos émotions, dites simplement : « Je fais ceci et je ressens cela. » Il s'agit ici des sentiments que vous éprouvez dans votre rêve et que, peut-être, vous revivez en le racontant.
Cependant, il est important de laisser de côté – à cette étape de l'observation – la scène finale. Repérez ici seulement les sentiments, les réactions que vous éprouvez ou les gestes, les actions que vous entreprenez au cours du rêve. En vous concentrant sur ces éléments – qui sont souvent moins marquants que les comportements ou émotions dans la scène finale –, vous êtes sûr de ne rien oublier. L'interprétation de votre rêve sera ainsi plus riche et complète.
La scène finale sera prise en compte uniquement à la fin de la phase d'observation. Nous y reviendrons plus tard.

> *L'énorme vague*
> *« J'étais au pied de la dune de Pyla, sur la plage. Il y avait beaucoup de baigneurs, tout était calme. En regardant la mer à l'horizon, je voyais arriver une énorme vague grise. J'essayais de prévenir les gens mais personne ne m'écoutait. J'ai fui en grimpant sur la dune, l'eau est arrivée à mes pieds, tout le monde a été noyé. Sauf moi. »*

L'image dominante est l'énorme vague, le décor la dune de Pyla.
Découpons maintenant le rêve :
– scène 1 : sur la plage, il y avait beaucoup de baigneurs, tout était calme ;

– scène 2 : arrivée de l'énorme vague ;
– scène 3 : le rêveur essaie de prévenir tout le monde ;
– scène 4 : il fuit sur la dune et l'eau arrive à ses pieds ;
– scène 5 (scène finale) : « Tout le monde a été noyé. Sauf moi. »

Le premier comportement du rêveur est sa tentative d'avertir les autres lorsqu'il voit la grande vague. Autre comportement à noter : la fuite sur la dune pour « sauver sa peau ». Ses émotions vont de l'inquiétude bien précise à l'angoisse paniquée.

> *L'oiseau*
> *« Près de moi se tient un oiseau et, tout naturellement, je deviens lui, mes jambes deviennent des pattes, mes pieds des serres, mes bras des ailes, etc. Je m'envole très haut avec un sentiment de puissance incroyable. »*

Ici, aucun décor particulier n'est mentionné. L'image dominante est évidemment l'oiseau. Que fait le rêveur ? Il se transforme en oiseau. Que ressent-il ? Une puissance incroyable. Voyez comme il est facile, avec ces deux questions toutes simples, de repérer les comportements et les émotions.

6. Observez les personnages

Identifiez les autres personnages apparaissant dans votre rêve, leurs comportements et éventuellement leurs émotions. Observez ce qu'ils font et ce qu'ils disent.

Très souvent, les personnes que vous voyez dans votre rêve,

que celles-ci vous soient familières ou étrangères, représentent des aspects de vous-même. Il est fréquent que le rêve ne mette pas directement en scène le rêveur lui-même. Il utilise d'autres personnages pour refléter son attitude ou son comportement. En règle générale, on ne rêve que de soi car le rêve est un outil de connaissance de soi[3].

Si vous rêvez, par exemple, d'un membre de votre famille, celui-ci peut simplement représenter un aspect de vous-même ou la relation que vous entretenez avec lui. Il est alors particulièrement important que vous observiez les comportements et sentiments des autres personnages pour analyser finalement votre propre personnalité.

Dans le rêve déjà cité en exemple de l'incendie (p. 26), le rêveur voit son chef de service. Ce rêve semble donc mettre en scène un mal-être éprouvé dans le contexte professionnel. Mais le rêveur est accusé d'avoir mis le feu : cela signifie qu'en réalité, le rêve traduit un sentiment de culpabilité et le patron symbolise la peur d'être mal jugé ou accusé d'avoir commis des fautes.

Les personnages concrétisent donc un sentiment très profond chez le rêveur, en général la peur, la culpabilité, la dévalorisation, l'agressivité, l'amour, etc.

Il faut souvent analyser les personnages non pas au premier degré, mais à un degré symbolique : en effet, on ne rêve pas forcément de la personne qui apparaît dans le rêve, cette personne nous représente ou symbolise une situation problématique à laquelle nous sommes confrontés.

Prenons un autre rêve fréquent : se voir en tant que parent en train de frapper son enfant. C'est un rêve très perturbant. Cela ne veut pas dire que le rêveur ou la rêveuse a un désir incons-

3. À l'exception des rêves prémonitoires (voir p. 163).

cient de taper sur l'enfant, mais que la relation qu'il ou elle entretient avec celui-ci pose problème. Dans ce cas, il faut examiner à quel point la relation avec l'enfant est mauvaise ou insatisfaisante. Ce que le rêveur veut supprimer, ce n'est pas l'enfant, mais la souffrance que la relation avec l'enfant génère.

> *Le mari infidèle*
> *« Je rêve souvent de mon mari. Il est près de moi, dans la maison. Mais la plupart du temps, je m'inquiète car je le vois me quitter, partir de chez nous pour aller vivre avec une autre femme, plus jeune. »*

Ici, le personnage dominant est le mari. Le rêve peut se comprendre à plusieurs niveaux : soit cette épouse rêve d'une réalité qu'elle refuse d'affronter (si son mari est réellement infidèle) ; soit elle doute d'elle-même et n'a pas assez confiance dans ses propres capacités de séduction. Le mari symboliserait donc un sentiment qui habite cette rêveuse dont la tendance est de se dévaloriser. En tout cas, et sauf exception, ce rêve n'est pas prémonitoire, le personnage du mari ne faisant que symboliser l'un des aspects de la rêveuse elle-même.

> *L'homme menaçant*
> *« Dans tous mes rêves, il est là : un homme inconnu dont je ne distingue pas le visage. Il me suit dans la rue sombre. Je crains qu'il ne soit armé, mais il ne m'attaque jamais. Il se contente de me faire peur. »*

Lorsqu'on rêve d'un malfaiteur, d'un homme prêt à vous agresser, qui vous poursuit ou qui se tient caché dans l'ombre, etc., il s'agit typiquement d'un personnage représentant une part du rêveur ou de la rêveuse (ou encore une menace concrète de la réalité que le rêveur ne veut pas voir, une « réalité négative »). Cette part-là, C.G. Jung l'appelle l'Ombre[4] : c'est la zone d'ombre dont il ou elle ne veut pas prendre conscience et qu'il ou elle ne veut pas mettre en lumière. Le rêveur ou la rêveuse ne veut pas se confronter à sa propre vérité.

7. Isolez la scène finale

Venons-en enfin à la scène finale, celle sur laquelle se termine votre rêve. Elle contient souvent le message que le rêve veut indiquer. En général, elle est caractérisée par le changement d'une situation, une réaction du rêveur, etc. Souvent, c'est la scène finale qui indique si vous êtes sur la bonne voie et si vous adoptez le bon comportement pour progresser ou si, au contraire, vous vous fourvoyez complètement. En identifiant la scène finale, on lui donne une valeur propre qui peut être utile pour l'interprétation.
Cependant, il y a des rêves qui n'ont pas une scène finale forte et dont la dernière scène n'est que la continuité de ce qui s'est passé avant. L'important ne se trouve pas forcément à la fin mais peut apparaître plus tôt dans le rêve. Dans ce cas, vous ne pouvez évidemment pas attribuer une signification particulière à la scène finale.

> *L'oiseau blessé*
> *« Je voyais un oiseau tombé de l'arbre. Je l'ai rapporté chez moi pour le soigner* (scène 1). *Je prenais*

4. Voir dans le chapitre suivant le paragraphe consacré aux principales notions jungiennes, p. 62 et suiv.

> *soin de lui comme d'un bébé, le déposant dans un petit lit, lui mettant une couche, etc.* (scène 2). *Le lendemain matin, toujours dans mon rêve, il y avait à la place de l'oiseau un vrai bébé* (scène finale). »

Image dominante : l'oiseau tombé de l'arbre.
Le décor : le domicile de la rêveuse.
Dans la scène finale, l'oiseau a été remplacé par un vrai bébé. C'est le signe que la rêveuse est sur la voie d'une plus grande attention portée à sa personne la plus profonde, son Soi, symbolisé par le bébé.

> *Le téléphone*
> *« Depuis un an, je rêve que mon père, brutalement décédé dans un accident de voiture, essaie de me téléphoner d'une cabine publique* (scène 1). *Je le vois, je décroche, mais la ligne est coupée* (scène finale). »

La scène finale correspond ici à la dernière phrase : la rêveuse voit son père, elle décroche le téléphone, mais sans pouvoir entrer en relation avec lui. Malgré ses efforts, la communication avec son père défunt n'est pas possible. Elle agit (elle décroche) pour établir une communication, mais elle est obligée de constater la réalité : la ligne est coupée.

> *Le mari disparu*
> *« Je suis au casino avec mon mari. Un autre homme m'invite à danser* (scène 1). *Mon mari, lui, choisit une jeune femme blonde frisée. Tout en dansant, je le surveille pour voir s'il flirte avec elle* (scène 2). *Quand je me rassieds, mon mari est parti. J'essaie de le retrouver en voiture sans succès* (scène finale). »

Cet exemple montre bien que le message du rêve est très souvent contenu dans la scène finale : « J'essaie de le retrouver... sans succès. » La rêveuse n'est pas passive, elle veut faire quelque chose pour son mari, sans succès. Le rêve lui fait comprendre qu'il n'y a pas d'issue possible parce qu'elle s'y prend mal, qu'elle manque de confiance en elle-même. Le fait qu'elle parte à la recherche de son mari « en voiture » est ici particulièrement important. La voiture représente en rêve toujours la conduite, la manière de se comporter. Le message du rêve peut donc être : la manière dont elle se conduit avec son mari n'est pas la bonne. Son comportement ne l'amènera pas à le retrouver, à le rencontrer profondément.

La schématisation d'un rêve complexe

Je n'ai donné, jusqu'à présent, que des exemples de rêves très courts. Mais certains rêves peuvent être très longs et apparaître comme compliqués parce qu'ils comportent plusieurs histoires à la fois, ou parce qu'ils se déroulent sur plusieurs décors et plusieurs temps différents. Il s'agit de rêves que l'on peut qualifier de « complexes ».
Carl Gustav Jung conseille, lorsque l'on a affaire à un rêve complexe, de le schématiser sur un modèle que l'on peut appliquer dans la plupart des cas[5]. On verra que cela recoupe en de nombreux points la méthode en sept étapes que je propose.

1. Situation : lieu, temps, personnage du drame.

5. C.G. Jung, *Sur l'interprétation des rêves*, Albin Michel, 1998, p. 47.

2. Exposition : présentation du problème.
3. Péripétie : présentation de l'action, surgissement de la catastrophe.
4. Final : résultat du rêve, conclusion significative. Représentation compensatoire de l'action du rêve.
Jung suggère de considérer les rêves sous cet angle, la plupart d'entre eux procédant de cette même construction dramatique.

Exercices

Je vous propose, pour vous entraîner à appliquer cette « petite méthode », deux rêves comme sujets d'exercice et plusieurs questions qui reprennent ce qui vient d'être étudié dans ce chapitre.

Rêve n° 1

« Je marche sur une route quand, arrivé à un carrefour, je vois une foule très agitée. Les pompiers la dispersent. Un gendarme me réclame une épée que je porte sur moi. C'est une épée ancienne, sculptée comme au Moyen Âge et enrichie de pierres précieuses. Je la lui donne à contrecœur. »

Rêve n° 2

« J'étais dans une voiture ancienne décapotable. À la frontière, les douaniers m'ont arrêtée, puis je suis repartie. J'ai pensé : "J'ai passé la frontière, j'ai passé la frontière..." J'étais étonnée et contente. Tout à coup, je me suis retrouvée dans un théâtre et je piaffais d'impatience derrière le rideau avant d'entrer en scène. »

Pour chacun de ces rêves

1. Identifiez l'image dominante, le décor, les images secondaires et les détails.
2. Découpez le rêve en plusieurs scènes. Combien en trouvez-vous ?
3. Quels sont les comportements ou sentiments du rêveur dans son rêve ?
4. Y a-t-il d'autres personnages dans le rêve ? Que font-ils ?
5. Y a-t-il une scène finale ? Si oui, laquelle ?

Réponses p. 89.

Chapitre 3

Maniez les outils de l'interprétation symbolique

1. Établir des associations d'idées

L'interprétation symbolique des rêves peut se bâtir sur des associations d'idées. Les associations spontanées qui vous viennent à l'esprit vous permettent de commencer une véritable interprétation de vos rêves.

Reprenez l'image dominante, puis chacune des autres images répertoriées en phase d'observation. Qu'évoquent-elles pour vous ? Quelles sont les suggestions qu'elles provoquent ? Imaginez un éventail : mettez l'image au point central et, autour, déclinez toutes les idées qui arrivent spontanément à votre esprit (voir schéma p. 40).

Tenez compte des souvenirs et des images que chaque mot éveille en vous. Ainsi, vous donnez plus de richesse au mot qui vous intéresse. Mais restez aussi près que possible des images du rêve, sans vous lancer dans des digressions sans fin.

Prenons l'exemple d'un rêve qui se passe dans un bar. Le bar peut être interprété de plusieurs manières différentes. Selon les personnes, il évoque la convivialité (un verre pris

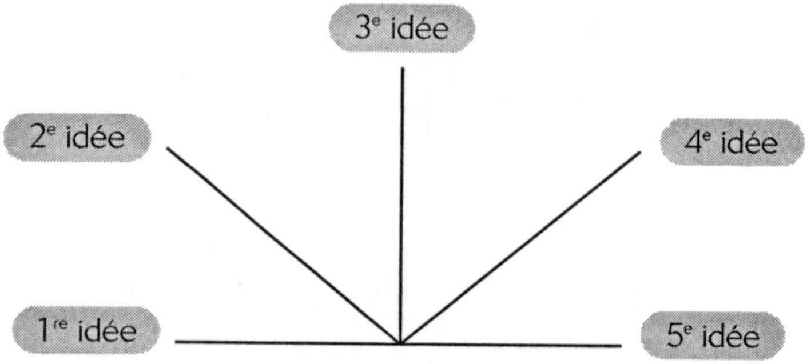

Image dominante

avec des amis) ou l'anonymat solitaire, un penchant pour l'alcoolisme ou encore un lieu de rencontre ou de débauche… À vous de savoir ce qu'il représente pour vous !

De l'individuel au collectif

Pour faciliter la venue de ces associations d'idées, vous disposez de deux outils principaux : ceux relevant de votre vécu personnel et ceux résultant de vos connaissances sur les symboles.

Vous allez alors chercher toutes les associations liées à la *sphère individuelle*, contenant tous vos souvenirs et tout ce que l'image évoque de personnel ; puis celles issues de la *sphère collective et générale*, c'est-à-dire des connaissances et des savoirs appartenant à l'ensemble de l'humanité et aux différentes civilisations.

Il est important de considérer les deux sphères à la fois, mais sans se sentir obligé de respecter un ordre particulier : vous pouvez commencer par la sphère la plus proche si l'image vous suggère directement des liens avec votre vécu, ou partir des connaissances symboliques lorsque ce lien personnel

entre l'image et votre vie n'est pas immédiatement visible. Les deux démarches aident au processus des associations d'idées et ainsi à l'interprétation de vos rêves. Elles sont complémentaires et indissociables.
C'est parce qu'il est nécessaire pour approcher le sens d'un rêve d'établir une association entre le rêve et le vécu du rêveur qu'on peut affirmer : il n'y a jamais un meilleur interprète d'un rêve que le rêveur lui-même !
Vous établissez ainsi un « éventail » d'associations d'idées le plus large possible. Mais pour comprendre le sens de votre rêve, ne retenez que celles qui sont « parlantes » pour vous.

Exemple

L'âne
Supposons que vous rêvez d'un âne qui vous blesse d'un coup de sabot :
– votre première association d'idées s'établit autour du comportement de cet animal : têtu, voire borné, il symbolise l'ignorance. Rappelez-vous : autrefois, on mettait des enfants au coin parce qu'ils ne savaient pas leur leçon, en leur posant sur la tête un bonnet d'âne ;
– votre deuxième association d'idées peut se référer à un autre comportement de l'âne : très patient, endurant et résistant. Comme il porte des lourdes charges, des fardeaux énormes, il représente une forme de richesse et donc de fertilité. Sans doute est-ce pour cela que les Anciens, en Orient, le considéraient comme un symbole de virilité (la virilité étant elle-même associée à la richesse et à la fertilité) ;
– votre troisième association d'idées peut, elle, se référer à votre vécu personnel : votre grand-père vous emmenait à la campagne voir un âne chez un voisin. Donc cette image de l'âne est liée à un souvenir d'enfance ;

– votre quatrième association d'idées s'établit autour de la blessure provoquée par le sabot : elle révèle une souffrance en vous qui n'est pas guérie.
De ces quatre associations, si ce sont la première, la troisième et la quatrième qui vous « parlent », qui évoquent quelque chose en vous, on peut comprendre que l'âne dans votre rêve symbolise un être borné, ignorant, qui vous a blessé affectivement. À vous de savoir s'il s'agit de votre grand-père ou d'une autre personne de votre entourage.
La deuxième association d'idées, relative à la fertilité, ne semble pas convenir à votre cas personnel ? Vous pouvez donc ne pas en tenir compte.

La méthode d'amplification de Jung

Carl Gustav Jung, psychiatre suisse, conseille, non pas de comprendre et d'interpréter tout de suite son rêve, mais d'établir consciencieusement le contexte : « J'entends par là non la pratique des associations libres qui, partant des images du rêve, se perdent à l'infini, mais un examen soigneux, à tâtons, des liaisons associatives qui se groupent sans contrainte autour du rêve[1]. »
En effet, Jung jugeait insuffisante la méthode des associations libres proposée par Freud, « peu significative », car elle ne révélerait que les désirs du rêveur, puisque pour Freud les rêves ne sont que l'expression voilée d'un désir refoulé, que celui-ci soit lié à la convoitise, au pouvoir ou à la sexualité. Jung pensait que cela était réducteur. « Voulant alors dégager le sens véritable du rêve, explique-t-il, je tentai de le décomposer ; je devais me concentrer sur le point de départ

1. C.G. Jung, *L'Homme à la découverte de son âme*, Petite Bibliothèque Payot, 1966.

du rêve et réunir sur ce point les idées qui surgissaient par la suite de toutes parts. Ma façon de procéder est *concentrique,* contrairement à la méthode dite des associations libres qui s'éloigne, pourrait-on dire, en zigzag de l'image primordiale du rêve pour se diriger dans n'importe quelle direction[2]. »

Jung propose alors au rêveur de se poser des questions du style : « Que vous vient-il à l'esprit au sujet de X, qu'en pensez-vous ? », « Que vous vient-il encore à l'esprit au sujet de X ? » Sa méthode d'« amplification » n'est plus alors une réduction, mais elle « consiste à partir du principe très simple que je ne sais rien du rêve, que je ne connais pas sa signification et que je ne me forge aucune opinion préconçue sur la façon dont l'image onirique fait son lit dans l'esprit de tout homme. Je me contente d'amplifier une image déjà existante jusqu'à la mettre en évidence[3] ». L'amplification doit se porter sur chacun des éléments du rêve : « Supposons que le premier élément du rêve soit le lion. Je note dans un premier temps les pensées provoquées par ce mot, puis je remplace l'élément proprement dit du rêve par l'expression qui a été trouvée à son sujet. Par exemple, si le mot "lion" évoque pour le rêveur la "soif de puissance", alors je mets entre parenthèses le mot "puissance" à la place du mot "lion". Puis, j'agis de même pour les autres éléments du rêve[4]. »

---

2. C.G. Jung, *Sur l'interprétation des rêves, op. cit.*, p. 41-42.
3. *Ibid.*, p. 42.
4. *Ibid.*

2. Les outils du vécu

Parmi les « outils » qui facilitent les associations d'idées, ceux que j'appelle « outils du vécu » sont particulièrement importants.

Le rapprochement avec votre vie

Seul le rêveur a la connaissance de ce qu'il a vécu dans le passé (aucune personne autre que lui ne peut se vanter d'en savoir autant). Certes, aucun rêve n'est la réplique exacte d'une situation vécue autrefois. Néanmoins, il est vraisemblable qu'il puise dans le vécu pour fabriquer ses images. Car le rêve n'est pas entièrement le fruit du hasard ou le résultat d'une série de non-sens. Ce n'est pas sans raison qu'il fabrique des scénarios si incroyables ! On est en droit d'affirmer que le rêve est utile à l'existence de chacun et qu'il existe des relations de cause à effet entre le vécu et le rêve. « Le rêve procède de relations causales significatives[5] », admet Jung. On peut, en tout cas, chercher celles-ci, et, en y réfléchissant, en arrivera-t-on à se dire que l'interprétation des rêves n'est rien d'autre que la recherche de ces relations causales entre le vécu et les images. Une image de rêve peut évoquer des souvenirs que vous seul pouvez retrouver. Ce que telle ou telle image met en résonance en votre for intérieur, vous seul êtes à même de le savoir. Mais vous êtes aussi le seul à avoir la connaissance de ce que vous vivez aujourd'hui. Passé et présent se retrouvent, se rejoignent, s'imbriquent dans les images du rêve. Autrement dit, le rêve puise ses images à la fois dans le passé et dans le présent, et il est bien difficile parfois de déterminer à quelle

5. *Ibid.*, p. 38.

phase de vie il fait référence. Malgré cette difficulté, il faut essayer d'établir un rapprochement entre l'image de votre rêve et votre vécu.
La difficulté est accrue par le fait que le rêveur peut opposer un « barrage » (une censure) à la remontée de ses souvenirs. Il peut les avoir enfouis si profondément dans sa mémoire – surtout les souvenirs douloureux – que l'on parle alors d'« inconscient ». Le rêve, lui, passant par-dessus ce « barrage », est chargé – c'est son rôle – de faire remonter à la conscience des images enfouies dans la mémoire profonde. Mais attention, les éléments ne remontent pas tels quels : ils subissent des transformations et apparaissent sous forme imagée. Il vous faut donc faire l'effort d'établir un lien, dans la mesure du possible, entre vos souvenirs et les images de votre rêve.

Exemple

Les araignées
« Ma chambre est envahie par des milliers d'araignées. »
1re étape. Repérez les éléments clés. L'image dominante est l'araignée, le décor la chambre.
2e étape. Faites des associations d'idées. L'araignée et sa toile évoquent un piège. La chambre, lieu d'expression de l'amour conjugal et de la sexualité, suggère la relation entre le rêveur et sa partenaire.
3e étape. Rapprochez avec le vécu.
Dans cet exemple précis, fourni par un auditeur, seul le rêveur connaît le piège dans lequel il s'est enfermé : sa femme est alcoolique depuis qu'elle est toute jeune.

Les symboles personnels

Quelquefois, le rêveur interprète l'image de son rêve de manière complètement personnelle. Il n'utilise pas les associations d'idées nées de la connaissance des symboles. Il fabrique sa propre symbolique différente de celle que donnent la majorité des traditions expliquées dans les dictionnaires de symboles.

Exemple

Le chapeau

Un lecteur m'a raconté qu'un chapeau noir est apparu plusieurs fois dans ses rêves. Au lieu que ce chapeau soit perçu par lui comme en rapport avec les facultés intellectuelles, ce qui est la symbolique généralement admise[6], il le perçoit comme le signe d'un prochain malheur dans sa famille. Pourquoi ? Parce qu'il a dévié le symbole du couvre-chef pour établir une interprétation personnelle. Il ne s'intéresse pas à ce que symbolise cet objet, il se souvient seulement avoir remarqué qu'à chaque apparition dans ses rêves de cet objet correspondait un événement malheureux dans son vécu.

Personnellement, je conseillerais à ce rêveur de ne pas se contenter de sa symbolique personnelle, mais d'élargir ses connaissances en symboles pour pouvoir établir des associations d'idées plus riches.

3. Les outils du savoir

Parallèlement à ces « outils du vécu » que nous venons d'examiner, l'interprétation des rêves sera également enri-

6. Le chapeau est un « couvre-chef », le chef étant la tête, siège de la raison et de l'intelligence.

chie si vous utilisez ce que j'appelle les « outils du savoir », c'est-à-dire les outils qui relèvent des connaissances intellectuelles des symboles.

Jung exprime la même idée : « L'interprétation des rêves nécessite l'acquisition d'un savoir positif, la connaissance des *symboles* et des motifs mythologiques. Nous nous devons de connaître tout ce que renferme le "magasin d'approvisionnement" de l'esprit humain, de même que les fondements des peuples[7]. »

La connaissance des symboles

Beaucoup d'associations d'idées naissent du bagage culturel que l'on peut acquérir en étudiant les significations traditionnelles et culturelles des symboles dans les différentes civilisations. J'emprunte de nouveau à Jung ce conseil : « Plus nous en savons et plus il nous sera facile de détecter certains symboles[8]. »

Je ne saurais trop vous recommander de vous plonger dans l'étude des symboles en vous procurant un bon dictionnaire[9]. C'est indispensable pour l'interprétation des rêves. De mon point de vue, il est nécessaire de s'instruire et de se cultiver si l'on veut comprendre ses rêves ; faute de quoi, la technique des associations d'idées reste très limitée. Il est ainsi particulièrement enrichissant de connaître les symboles grecs, égyptiens et chrétiens puisqu'ils constituent les fondements de notre culture.

---

7. C.G. Jung, *Sur l'interprétation des rêves, op. cit.*, p. 44.
8. *Ibid.*
9. Je recommande particulièrement le *Dictionnaire des symboles* de Jean Chevalier et Alain Gheerbrant, disponible dans plusieurs versions de poche et dans la collection « Bouquins », Robert Laffont, 1997.

Prenons l'exemple de la chaussure et établissons le plus grand nombre possible d'associations d'idées. Le *Dictionnaire des symboles* de Jean Chevalier et Alain Gheerbrant montre parfaitement les différentes facettes symboliques d'une même image que l'on retrouve dans les diverses cultures :

– la chaussure est d'abord un symbole d'affirmation sociale et d'autorité (les paysans allaient pieds nus, d'où leur nom de « va-nu-pieds » en langage populaire, et tous les rois, les propriétaires de terres, etc., portaient des chaussures) ;

– elle est aussi un symbole de liberté : à Rome, les esclaves allaient pieds nus, les maîtres – les hommes libres – portaient des chaussures ;

– d'autre part, la chaussure protège le pied, point de contact entre le corps et la terre, elle peut symboliser un sens du concret, du réel, du « terre à terre ».

Continuons à faire d'autres associations d'idées autour de la chaussure :

– elle peut être comprise comme symbole sexuel puisque le pied, perçu comme un organe phallique (chez Freud, par exemple), entre et pénètre dans la chaussure. Et l'argot dit bien « trouver chaussure à son pied » pour trouver quelqu'un avec lequel on est en harmonie, notamment sur le plan sexuel ;

– la chaussure peut aussi représenter la protection du pied, pour sécuriser la marche et rassurer le rêveur sur sa capacité à avancer, à se mettre en marche ;

– on peut aussi faire une association d'idées en pensant au conte de fées *Cendrillon* : le prince retrouve la jeune fille grâce à sa pantoufle perdue, et tous deux vivent le grand amour ;

– autre association d'idées possible : la chaussure comme objet de séduction en relation avec l'apparence. Elle prolonge le pied, elle affine la silhouette chez les femmes et la rend puissante chez les hommes. La chaussure a donc un rapport avec l'apparence de soi que l'on veut donner aux autres. Vous voyez que la simple image d'une chaussure peut générer un nombre important d'associations d'idées. Il reste essentiel cependant que les significations trouvées dans un dictionnaire des symboles vous parlent et qu'elles correspondent à ce que vous ressentez. Chaque signification ne reflète pas forcément votre situation. Pour l'interprétation de votre rêve, considérez alors seulement les associations d'idées qui sont utiles pour votre cas particulier. Mais attention, il est possible que le déni entre en jeu et que le rêveur refuse d'admettre une explication qui serait la bonne.

Les mythologies, les légendes et les contes

Pour établir les associations d'idées, on peut également se servir du matériel qui nous est offert par les légendes, les mythologies, les contes. Là encore, il faut faire un petit effort pour les apprendre, surtout les histoires de la mythologie. On peut se reporter à de simples dictionnaires de mythologie, à des livres de contes et de légendes[10]. Souvent, ils sont très accessibles et amusants à lire. Plus on devient familier de l'univers mythologique et légendaire, plus on enrichit sa capacité à établir des associations d'idées. Plus on en sait, plus on élargit sa compréhension du rêve.

Les mythologies

Il est fréquent que les images des rêves aient une ressemblance avec la mythologie. Si l'on fait, par exemple, un rêve

10. Voir, à la fin de cet ouvrage, « Quelques pistes de lecture », p. 173.

dans lequel il est question de talon, on peut penser à Achille, que sa mère Thétis trempa dans les eaux du Styx pour le rendre immortel. Comme elle le tenait par le talon, celui-ci n'a pas été en contact avec l'eau et est demeuré vulnérable et fragile. C'est là que la flèche de l'ennemi troyen va l'atteindre. C'est seulement en connaissant cette mythologie que l'on peut comprendre le sens d'un rêve de talon : il suggère une idée de vulnérabilité et de fragilité. Le message pour le rêveur devient clair : il doit étudier son point faible.

Les mythologies, sous couvert de nous raconter les comportements des dieux, nous expliquent en réalité les réactions psychologiques de l'être humain. Par exemple, quand la déesse Héra, femme de Zeus, punit sa rivale humaine, elle agit par jalousie, sentiment que l'on rencontre fréquemment chez l'être humain. La mythologie est donc bien développée pour nous expliquer nos comportements. Il faut la lire non pas comme une histoire divine mais bien comme une histoire qui symbolise la vie humaine.

Autre exemple, celui d'Ulysse. Après la guerre de Troie, Ulysse errait en mer. Il n'arrivait pas à retourner chez lui parce qu'il était un homme curieux voulant découvrir d'autres endroits du monde et d'autres civilisations. Cette histoire illustre l'une des caractéristiques de l'être humain : la curiosité, l'envie de découvrir. Les grandes découvertes ont d'ailleurs été le fait d'hommes qui éprouvaient le désir d'aller voir ailleurs, plus loin que leur petit pas de porte.

On comprend le lien entre les rêves et les mythologies : tous deux illustrent notre façon de nous comporter.

Les légendes et les contes

Les images de rêves peuvent également évoquer des contes ou des légendes populaires, à partir desquels on peut établir des associations d'idées. La légende, même si elle embellit la vérité historique, nous renseigne surtout sur les comportements humains. Le conte, qui décrit des personnages imaginaires ou des animaux humanisés, fait de même. Pour Marie-Louise von Franz, la collaboratrice de Jung, les contes « expriment de façon extrêmement sobre et directe les processus psychiques de l'inconscient[11] ». Les contes de fées décrivent donc le fonctionnement de notre inconscient. On fait souvent l'erreur de croire qu'ils sont réservés aux enfants pour les amuser. En vérité, ils sont destinés à les faire grandir, à les éduquer, c'est-à-dire à les conduire de l'état d'enfant à celui d'adulte. Et les adultes eux-mêmes tirent grand profit de leur lecture pour comprendre le fonctionnement de l'être humain.

> *Les nains*
> *« J'ai fait un rêve de nains. Ces nains étaient hideux et m'ont effrayée. »*

La première association possible se réfère à Blanche-Neige. Les sept nains dans ce conte sont des travailleurs. Malgré leur apparence masculine, aucun d'entre eux n'est tourmenté par la sexualité et ne tente de profiter de la jeune fille. Les nains représentent donc symboliquement un masculin diminué et amputé de sa sexualité. Au contraire, Blanche-Neige, elle, veut découvrir tous les secrets de la vie. Le fait qu'elle goûte à la pomme indique l'une de ses caractéristiques : la curiosité. En cela, elle montre qu'elle est une personne humaine à part

11. M.-L. von Franz, *L'Interprétation des contes de fées*, Éditions du Dauphin, « La fontaine de pierre », 2003. Préférez les contes de fées dans la version des Grimm, plus ancienne, plutôt que celle de Perrault.

entière. D'après Bruno Bettelheim[12], elle se trouve dans une période de latence, elle ne devrait donc pas être intéressée par la sexualité. En croquant la pomme, la jeune fille commet un acte prématuré et en subit les conséquences négatives. Ce conte est donc un avertissement : il ne faut pas expérimenter trop tôt la sexualité.

Le rêve cité plus haut est celui d'une adolescente qui utilise les mêmes images de nains que dans les contes de fées, mais les nains de son rêve sont agressifs. Il est donc possible que son rêve traduise une peur de la sexualité. Pourquoi ? Les causes peuvent être recherchées soit dans son passé, soit dans son vécu actuel. Pourquoi a-t-elle envie de découvrir la vie tout en craignant les êtres masculins ?

> *Le canard*
> *« Dans mon rêve, je vois un canard et le saisis par le cou. Soudain, au lieu de le tuer, j'éprouve un grand amour pour lui. »*

Si l'on fait une association d'idées en évoquant le conte du vilain petit canard de Hans Christian Andersen, on se rappelle que, parmi tous les canards, un seul n'est pas aussi beau que les autres. Mais ce dernier va devenir le plus magnifique de tous en grandissant et en se transformant en cygne. Ce conte peut nous aider à comprendre le rêve dans le sens d'une évolution possible vers un mieux-être, un épanouissement total. L'image du canard auquel la rêveuse, une femme approchant la trentaine, veut tordre le cou n'est pas négative : il s'agit au contraire d'une promesse de développement personnel.

12. B. Bettelheim, *Psychanalyse des contes de fées*, Robert Laffont, 1976.

Il est important de remarquer que le rêve ne reproduit pas complètement le conte, mais que le conte permet de faire des associations d'idées qui mettent sur la piste de l'interprétation.

Le jeu sur les mots

Le rêve, dans son langage, adore jouer avec les mots et les sons. Faites donc comme lui ! On peut utiliser aussi l'argot, les expressions populaires, l'étymologie des mots, etc., pour établir des associations d'idées afin de mieux comprendre le message du rêve.

Le même son pour des mots au sens différent

Parfois, il importe de ne pas s'attacher à l'image ni à l'orthographe d'un mot, mais simplement d'en écouter le son. Prononcez-le à haute voix : le message du rêve est souvent contenu dans ce que vous entendez…

Exemples

La souris

Supposons que vous fassiez un rêve de souris. Ici, ce n'est pas l'image qui nous intéresse, mais le son du mot « souris ». Le conseil donné par le rêve est ainsi : « Souris ! Prends la vie du bon côté ! Souris aux événements qui t'arrivent et qui sont heureux, ne vois pas que le côté négatif de la vie. » Le sens du rêve est alors directement contenu dans le son du mot.

> *Le fichu*
> *« Je rêve que ma fille et moi sommes dans un camp de concentration et que nous portons sur la tête un fichu. »*

Au lieu de penser à un foulard, on peut entendre le mot « fichu » dans un autre sens : raté, manqué, etc. La question devient alors : « Qu'est-ce qui est fichu dans ma vie ? » Dans ce rêve, on ne retient donc pas l'image du foulard, mais le son du mot « fichu ». Ici, il a deux significations différentes même s'il présente la même orthographe (il s'agit d'un *homonyme homographe*). Cette rêveuse et sa fille vivaient une situation très délicate, due à des traditions religieuses : il leur était interdit de sortir seule ou ensemble sans être accompagnées d'un homme.

Le même son avec des orthographes différentes

C'est le cas des *homonymes homophones* : par exemple vert, verre, ver, vers, ou sain, saint, ceint, sein. Attention toutefois : les sonorités ne doivent pas faire oublier les autres éléments importants du rêve comme le décor (dans le rêve précédent, le camp de concentration) et les images (toujours dans le même rêve, la présence de la fille de la rêveuse).

Exemple

> *Le serin*
> *« J'ai rêvé d'un petit oiseau jaune, un serin, qui me disait qu'il avait très soif. »*

La première association d'idées qu'évoque l'oiseau est la liberté. On peut aussi penser que la rêveuse elle-même a très soif de quelque chose. Mais ce qui est intéressant, c'est le son du mot « serin » qui laisse suggérer « serein ». Dans ce cas, on pourrait interpréter le rêve ainsi : si la rêveuse étanche sa soif avec de l'affection, avec des connaissances, avec des rencontres, elle deviendra sereine, elle atteindra la sérénité et la liberté symbolisée par cet oiseau. C'est donc grâce au rapprochement des sons entre « serin » et « serein » que le rêve commence à prendre sens.

L'argot

Une autre source d'associations d'idées importante et très utile nous est offerte par l'argot, la « langue verte ». Le rêve semble parfois s'amuser à l'utiliser.

Exemple

> *La guêpe*
> *« Dans mon rêve, je me trouve dans la chambre où je me fais piquer par une guêpe à la main. Avant de mettre une pommade, je montre ma main aux autres en disant : "Regardez, ça fait une grosse cloque." »*

Après avoir repéré les éléments clés (l'image dominante : la guêpe qui pique ; le décor : la chambre ; les détails : la piqûre à la main, la pommade, la cloque ; les personnages : les « autres »), nous nous focalisons plus particulièrement sur le détail de la cloque. En argot, « être en cloque » signifie être enceinte. Comme le rêve se passe dans la chambre à coucher, la piqûre qui fait mal peut être une image phallique et avoir une connotation sexuelle un peu dure (le dard rentre dans la peau). On peut ainsi penser que la rêveuse a une peur terrible de tomber enceinte. Grâce à l'argot, on a pu établir une piste possible pour l'interprétation.
De même, un rêve de miche de pain pourra ainsi évoquer, grâce à l'argot, les « miches » et donc la sexualité.

L'assonance et les déformations de mots

L'assonance décrit une autre technique pour jouer avec les mots. Elle est pourtant moins facile à utiliser que celle des homonymes ou de l'argot. Il s'agit ici d'un rapprochement de son de deux mots sans que leur prononciation soit exactement la même. L'assonance n'est pas une technique qu'on utilisera pour tous les mots : en user seulement si le rapprochement entre deux mots s'inscrit dans le contexte du rêve. Là encore, n'oubliez pas que les assonances ne doivent pas « masquer » les autres éléments marquants du rêve.

Exemple

> *Les égouts*
> *« Je vois ma fille de deux ans tomber dans une bouche d'égout. Elle est emportée dans ce trou noir par une eau sale et tourbillonnante. Je hurle et me précipite pour la sauver mais en vain. »*

Écoutez l'assonance des mots « égout » et « dégoût » : leur rapprochement aide à interpréter ce rêve. C'est qu'en vérité, la rêveuse ressent pour la vie (ou pour une expérience particulière de sa vie) un profond dégoût. L'image n'est pas entièrement négative dans la mesure où l'égout aide à l'élimination des eaux sales. Le rêve indique donc une possibilité de libération.
Déformer les mots est une autre technique pour jouer avec le son : on les déforme en les coupant en deux. Par exemple, si le mot « dément » apparaît dans le rêve, on va entendre « dé-mens » et surtout le son « mens » qui évoque le mensonge.
Le mot « maigri » peut ainsi être entendu comme (je) « m'aigris » ; les mots « des primes » comme « déprime », ou « des fêtes » comme « défaite ».

Les expressions populaires

Outre l'homonymie et l'argot, le rêve joue aussi avec les expressions populaires[13], les calembours (les expressions propres), les lapsus ou les mots d'esprit[14].

Exemples

La poire

La poire dans le rêve peut être interprétée de plusieurs manières. Dans la langue populaire, la poire évoque l'idée d'être trop gentil, de se laisser avoir : « Je suis une poire. » Une autre expression populaire, « couper la poire en deux », renvoie à l'idée d'adopter la moitié du point de vue de l'autre pour s'orienter sur une tentative de conciliation. La forme de la poire, en revanche, représente celle des seins d'une femme, l'association d'idées devient alors plus érotique. Selon qu'on utilise un outil d'associations ou un autre (ici la langue populaire ou la forme de l'image), on s'oriente sur des pistes d'interprétation différentes. Au rêveur de décider quelle est la piste qui lui correspond le mieux.

La puce

Si vous faites le rêve d'une puce, vous pouvez faire les associations suivantes autour de ce petit animal. C'est un insecte, il pique, il est noir... Ces images assez négatives indiquent que vous êtes tourmenté par quelque chose qui vous assaille et qui vous donne des idées noires, etc. Mais on peut donner un sens bien différent à la puce lorsqu'on se concentre davantage sur le mot : appeler quelqu'un « ma petite puce »

---

13. On lira avec profit et amusement l'ouvrage de Claude Duneton, *La Puce à l'oreille. Les expressions imagées et leur histoire*, Balland, 2001.
14. Freud a publié en 1897 une étude sur *Le Mot d'esprit et ses rapports avec l'inconscient*.

fait référence à une affectivité, une inclination que l'on éprouve pour cette personne. On peut aussi penser à l'expression populaire « avoir la puce à l'oreille ». Le message du rêve est dans ce cas un avertissement : le rêveur est alerté par un détail qui lui indique un petit danger, l'incitant à se montrer attentif et en éveil. Pour la simple image d'une puce, vous voyez que l'on trouve facilement trois associations d'idées en utilisant différentes techniques.

L'étymologie

Se référer à l'étymologie d'un mot permet d'ajouter une nuance intéressante qui peut enrichir l'association d'idées. On se souviendra, par exemple, que « route » vient du latin *rupta* qui a donné le mot « rupture » (car, dans les temps anciens, tracer une route équivalait à opérer une rupture dans l'épaisseur de la forêt). Si l'image d'une route apparaît en rêve, on peut penser que le rêve parle d'une rupture, passée ou présente, voire à venir.

4. Les grandes notions de la psychanalyse

Bien que la « petite méthode » proposée ici soit plutôt symbolique, il vous est indispensable de connaître les grandes lignes de l'approche psychanalytique de l'interprétation des rêves formulées par deux « géants » de l'inconscient : Sigmund Freud et Carl Gustav Jung.

Sigmund Freud (1856-1939)

Médecin spécialisé dans la psychiatrie, il fonda à Vienne en 1910 l'Association internationale de psychanalyse, regrou-

pant des chercheurs de domaines les plus divers. Après avoir renoncé à son projet pour une psychologie scientifique, il concentra ses études sur l'activité psychique durant le sommeil. Il est le père d'une science psychanalytique, nouvelle, capable d'aborder ce que les sciences exactes n'ont pas pu expliquer : l'analyse de la pensée et de l'esprit. En 1900, Freud publia son premier livre grand public, *L'Interprétation des rêves*[15], donnant accès aux mystères de l'inconscient.
Selon Freud, les rêves servent à communiquer ce que l'esprit conscient ne saurait admettre. Il s'agit de désirs inconscients que l'on ne veut pas avouer et qui, de ce fait, sont déguisés dans nos rêves sous forme symbolique. Pour Freud, le rêve traduit donc un désir refoulé.
Freud critique ses prédécesseurs immédiats qui considéraient les images du rêve comme absurdes, ne contenant aucun message important. « Le rêve n'est pas un chaos de sons discordants, issu d'un instrument frappé au hasard, il n'est pas dépourvu de sens, il n'est pas absurde. Pour l'expliquer, il n'est pas nécessaire de supposer que le sommeil est une partie de nos représentations et l'éveil une autre. Le rêve est un phénomène psychique dans toute l'acception du terme. C'est l'accomplissement d'un désir refoulé[16]. » En effet, pour Freud, tout ce qui reste insatisfait dans l'état éveillé ne se trouve accueilli dans un rêve que s'il fait écho à un désir infantile inassouvi. Pour lui, la majorité des rêves trouvent leur explication dans les désirs, souvenirs et traumatismes d'enfance. « L'enfance est une des sources d'où le rêve tire le plus d'éléments. De ceux notamment dont nous ne nous souvenons pas pendant la veille et que nous n'utili-

15. S. Freud, *L'interprétation des rêves*, PUF, 1999.
16. *Ibid.*

sons pas[17]. » Le rêve nous rappelle inlassablement ce à quoi nous ne pensons plus, ce à quoi nous refusons de penser. Le rêve sert donc à franchir cette barrière entre notre inconscient, notre mémoire profonde et notre conscient. Même dans les rêves, il est possible que l'on exerce une censure déguisant les images trop douloureuses : dans ce cas, elles ne montrent pas directement le problème de l'enfance, mais constituent une illustration symbolique nécessitant une explication – c'est ce qui rend l'interprétation des rêves si difficile.

Les différents types de rêve

Freud distingue trois types de rêve :
– le rêve qui représente sans déguisement un désir non refoulé. Sa clarté et son intelligibilité en font un rêve relativement facile à interpréter. « Les rêves intelligents et raisonnables sont la réalisation non déguisée d'un désir. Le désir dont il nous montre la réalisation concrète est un désir reconnu par la conscience, insatisfait dans la vie quotidienne, mais parfaitement digne d'intérêt[18]» ;
– le rêve qui représente de manière déguisée, ou symbolique, un désir refoulé. Ce genre de rêve, apparaissant le plus fréquemment, nécessite une interprétation ;
– le rêve qui exprime un désir refoulé pas ou peu déguisé.
Quel que soit le type de rêve, Freud identifie deux contenus : le contenu manifeste et le contenu latent. Le contenu manifeste est l'ensemble des aspects et images du rêve dont on se souvient. Le contenu latent, par contre, comprend les

17. *Ibid.*
18. *Ibid.*

pensées inconscientes sous-jacentes au rêve, qui ne sont pas formulées et dont on ne se souvient pas.

La sexualité

On a reproché à Freud de donner des interprétations sexuelles à un grand nombre d'images. Par exemple, toutes les boîtes, les coffrets, les caisses, les armoires représenteraient le sexe de la femme ; de même pour tous les objets creux, comme le vase, les cavernes, les navires. Tandis que tous les objets allongés, les bâtons, les parapluies, toutes les armes longues (les couteaux, les pics, les poignards) pourraient être interprétés comme des objets phalliques, en référence au sexe masculin. La lime à ongles serait, à cause du frottement, un symbole de la relation sexuelle.
Freud a largement insisté sur l'idée qu'il ne faut pas utiliser une clé des songes systématique (par exemple, le couteau signifie toujours le sexe). Il considérait cette technique réductrice et il s'y est opposé, avec raison.

Exemple
L'une des clientes de Freud a rêvé qu'elle voyait son petit neveu Charles, mort dans son cercueil, les mains jointes. Le cercueil était entouré de cierges. Toute la situation lui rappelait fortement la mort du petit Otto, l'autre fils de sa sœur, pour lequel la rêveuse éprouvait beaucoup d'affection. Elle se demandait, suite à ce rêve, si celui-ci signifiait qu'elle souhaitait la mort de Charles. Freud démontra à sa cliente qu'elle avait rencontré à l'enterrement de Otto un homme qui lui avait fait forte impression. Mais leur relation n'avait pas abouti à un mariage parce que sa sœur, l'incitant à rompre avec lui, l'en avait empêchée. Quelques mois après la mort de Otto, sur lequel elle avait reporté toute sa tendresse,

la rêveuse avait quitté sa sœur, ce qui lui avait permis de devenir plus indépendante.
Freud a interprété le rêve ainsi : si l'autre neveu Charles mourait, l'enterrement serait une occasion de rencontrer à nouveau cet homme. Le rêve indique simplement le désir de le revoir contre lequel elle luttait intérieurement. Pour dissimuler son désir, le rêve avait visiblement choisi une situation dans laquelle les souhaits de la rêveuse étaient habilement réprimés.

Carl Gustav Jung (1875-1961)

C'est dans son pays natal, la Suisse, qu'il commença ses études de médecine et plus particulièrement de psychiatrie qu'il approfondit à l'étranger, notamment à Paris. Pour s'occuper davantage de la thérapie psychanalytique et de ses recherches psychologiques, mythologiques et linguistiques, il renonça à une carrière prometteuse comme professeur. En 1904, il fonda le laboratoire de psychopathologie expérimentale à Zurich.
Sa première rencontre avec Freud eut lieu en 1907 à Vienne. Jung estimait les travaux de Freud et s'intéressait à ses tentatives d'établir une méthode d'analyse et d'interprétation des rêves. C'est seulement de nombreuses années plus tard que leurs désaccords sur la psychanalyse les séparèrent.
D'après Jung, il existe deux sortes d'inconscient qui cohabitent dans nos rêves, l'inconscient personnel et l'inconscient collectif :
– l'inconscient personnel reflète la mémoire individuelle la plus profonde de chaque rêveur. Il contient toutes nos pensées, même oubliées, toutes nos sensations, nos désirs, nos actions et même les bases de notre futur ;

– l'inconscient collectif, en revanche, ne résulte pas du vécu et des expériences individuels, mais se construit à partir de symboles et de contenus universels communs à tous les êtres humains : les instincts, les mythes, les faits historiques, les connaissances culturelles et religieuses, etc. Ce savoir collectif contient des images et des représentations universelles que Jung a appelées les « archétypes ».
Cinq archétypes apparaissent fréquemment dans les rêves : la *persona*, l'Ombre, l'âme (*animus* et *anima*), l'esprit et le Soi.

La *persona*

La *persona* constitue la « façade » de l'individu, le masque qu'il porte lorsqu'il est en contact avec d'autres personnes. « La *persona* est le système d'adaptation ou la manière à travers laquelle on communique avec le monde[19]. » L'individu adapte sa *persona*, ses comportements et ses attitudes, en fonction du groupe auquel il appartient à un moment donné (groupe professionnel, social, religieux, politique, familial, etc.). « À chaque groupe correspond une *persona*, à laquelle il faut veiller à ne pas trop s'identifier, sous peine de perdre le contact avec sa propre personnalité, car la *persona* est ce que quelqu'un n'est pas en réalité, mais ce que lui-même et les autres pensent qu'il est[20] ». Cet archétype apparaît dans les rêves sous forme de masque, de déguisement, de carnaval, de maquillage, etc. De même, les rêves de nudité, lorsqu'on se retrouve dans la rue ou au milieu d'une foule, sans vêtements (sans apparence sociale donc), invitent le rêveur à retrouver sa vérité sans se cacher derrière son personnage social.

---

19. C.G. Jung, *Ma vie*, Gallimard, 1973, p. 460.
20. *Ibid.*

L'Ombre

L'Ombre désigne tout ce que le rêveur ne veut pas mettre en lumière, ce dont il ne veut pas prendre conscience. Il refuse de mettre au jour certaines angoisses, attitudes, défauts, souvenirs, expériences, etc., parce qu'ils sont soit trop douloureux, soit très dévalorisants. Ce côté négatif de notre personnalité apparaît dans les rêves sous des images de malfaiteurs, de cambrioleurs, d'agresseurs, d'assassins, etc. Tous ces personnages « noirs » et obscurs – qui généralement se tiennent dans notre dos, derrière nous, cachés dans les coins sombres – symbolisent la part d'*ombre* du rêveur, méconnue par lui-même et qu'il préfère ne pas trop voir.

> *L'homme menaçant*
> *« Dans tous mes rêves, il est là : un homme inconnu dont je ne distingue pas le visage. Il me suit dans la rue sombre. Je crains qu'il soit armé mais il ne m'attaque jamais. Il se contente de me faire peur. »*

Dans ce type de rêve, remarquez que l'être malintentionné se tient derrière vous, dans votre dos. Le plus souvent, il est vêtu de noir et évolue dans un contexte sombre. Vous ne pouvez pas l'identifier à cause du manque de lumière. Il symbolise des éléments que vous préférez ne pas évoquer, ni pour vous-même ni pour les autres : « Laissons ces aspects de ma personnalité dans l'ombre », se dit votre conscient alors que votre inconscient les met en scène par des rêves[21].

21. Dans une autre approche, l'« homme de l'ombre » pourrait représenter une véritable menace extérieure que le rêveur pressent tout en refusant de la reconnaître.

Anima et *animus*

L'archétype de l'âme prend deux formes différentes : l'*anima* et l'*animus*. Il s'agit de deux « polarités », de deux formes d'énergie qui nous habitent, que nous soyons homme ou femme. L'énergie masculine nous pousse à être rationnel, à analyser les choses logiquement, à prendre des décisions sur des bases concrètes, tandis que l'énergie féminine nous incite à nous servir de notre imagination, de notre intuition, de choses plus affectives. « L'*anima* de l'homme cherche à unir et à rassembler, l'*animus* de la femme cherche à différencier et à reconnaître[22]. »

Chaque femme a une énergie naturelle féminine, l'*anima*, complétée par une énergie masculine, l'*animus*. De même, l'énergie masculine de chaque homme est enrichie par une énergie féminine, l'*anima*. Pour le processus d'évolution psychique de tout individu, il est nécessaire de mettre en harmonie ces deux formes d'énergie, féminine et masculine.

Dans les rêves d'un homme, les figures féminines (vierge, déesse, actrice, belle femme, prêtresse) symbolisent la part d'énergie féminine dont il a besoin pour être en harmonie profonde avec lui-même. La femme, en revanche, rêve de personnalités intellectuelles et spirituelles et de toutes sortes de héros à visage masculin (chevalier, prince, artiste, célébrité sportive, médecin, militaire, etc.), lui indiquant que son énergie masculine est déficiente ou mal utilisée. Dans les rêves de bébé, le sexe de l'enfant peut avoir son importance : un garçon symbolise l'*animus*, alors qu'une fille représente l'*anima*.

Selon Jung, il est également possible que les figures idéales présentes dans les rêves aient le même sexe que le rêveur.

---

22. C.G. Jung, *Ma vie*, *op. cit.*, p. 452.

Pour l'homme, cela signifie qu'il n'utilise pas suffisamment son énergie masculine, et pour la femme que son énergie féminine est négligée. L'*animus* et l'*anima*, lorsqu'ils sont refoulés dans la réalité, peuvent apparaître en rêve sous les traits de personnages négatifs, tels la sorcière, la femme agressive, le brigand, l'aventurier, etc.
« La fonction naturelle de l'*animus* et de l'*anima* consiste à établir une relation entre la conscience individuelle et l'inconscient collectif. De façon analogue, la *persona* représente une zone intermédiaire entre la conscience du moi et les objets du monde extérieur. L'*animus* et l'*anima* devraient fonctionner comme un pont ou un porche acheminant vers les images de l'inconscient collectif, à l'instar de la *persona* qui constitue une espèce de pont vers le monde[23]. »

> *Le jeune mourant*
> *« Je suis dans une grande salle avec ma fille et son compagnon. Un homme entre portant un jeune mourant dans ses bras : "Il va mourir", dit-il. Je demande à ma fille de quoi ? "De la rate", me répond-elle, puis je me vois en face d'un autre jeune homme qui me répète sans cesse des mots dans une langue étrangère que je ne peux comprendre. »*

Cette rêveuse m'a expliqué qu'elle se faisait réellement du souci pour ses deux fils et pour le compagnon de sa fille. Mais, en se référant aux notions d'*animus* et d'*anima*, on comprend que c'est plutôt pour elle-même qu'elle devrait s'inquiéter. Toute une partie d'elle, son énergie d'action, est en train de s'épuiser. Ce jeune homme mourant représente

23. *Ibid.*, p. 451.

symboliquement sa capacité à agir de manière objective, « masculine ». Elle se laisse vite emporter par son émotivité et se sert dans sa vie uniquement de ses qualités féminines, de son intuition. La part « masculine » de son énergie lui est inconnue, comme ce jeune homme qui s'exprime dans une langue étrangère. Ce rêve indique à la rêveuse qu'elle doit désormais trouver en elle-même les deux énergies, celle de l'action et celle de la réflexion, qui assureront la construction stable de sa personnalité profonde.

L'esprit

L'archétype de l'esprit indique que l'individu se trouve dans une situation décisive ou critique de sa vie. Dans le rêve, il apparaît sous forme d'images de vent, de figures ancestrales, de divinités ou de ce que Jung a appelé les « vieux sages » : magiciens, prêtres, moines, personnalités évoquant la sagesse, etc.

À partir du moment où l'on a accepté son côté négatif refoulé (l'Ombre) et lorsqu'on a pris conscience des deux polarités énergétiques *animus-anima*, on tend à devenir une personnalité plus complète, symbolisée dans les rêves par le « vieux sage ».

La méthode analytique de Jung est aussi appelée « voie de l'individuation », c'est-à-dire la voie qui permet à chacun de devenir un « individu », un être « in-divisible », stade de l'évolution humaine auquel est parvenu le vieux sage.

> *Le vieux sage*
> *« Dans un ciel gris très clair, un vieillard tout nimbé de lumière m'est apparu. Il ressemblait à un patriarche des gravures de Gustave Doré avec de longs cheveux blancs et une longue barbe. Vêtu d'une robe blanche comme une soutane, il me*

> *regardait intensément avec sérénité mais bienveillance. »*

La rêveuse se souvenait quatre ans plus tard de ce grand songe initiatique qui lui confirmait qu'elle devait approfondir sa quête spirituelle (le personnage du rêve est un être de haute spiritualité) afin de parvenir à la sagesse. De plus, Gustave Doré a illustré la Bible ; la rêveuse peut voir là une indication pour son cheminement personnel : étudier la Bible et même l'hébreu.

Le Soi

Le Soi constitue l'archétype central, la totalité de l'Homme. « Il est une entité “sur-ordonnée” au moi… Le Soi est non seulement le centre mais aussi la circonférence complète qui embrasse à la fois conscient et inconscient ; il est le centre de cette totalité comme le moi est le centre de la conscience[24]. » Dans les rêves, il est représenté par un enfant, un bébé ou une grossesse, la naissance ou l'accouchement, le *mandala*, le cercle ou le carré, etc.[25]

> *Être enceinte*
> *« Depuis plusieurs années, je rêve que je suis enceinte. Je suis sur le point d'accoucher. Je me pose des questions : pourquoi l'avoir gardé ? Est-il anormal ? De toute façon, il est trop tard pour faire marche arrière, il faut assumer. »*

---

24. *Ibid.*, p. 462.
25. Voir le *Dictionnaire des symboles* de Jean Chevalier et Alain Gheerbrandt, *op. cit.*

Le message de ce rêve récurrent est facile à comprendre lorsqu'on pense à l'archétype du « Soi » : la rêveuse a en elle des capacités créatrices qu'il faut mettre au monde, accoucher. Le rêve ne parle que de son « enfant » intérieur, de sa personnalité profonde. La rêveuse m'a appris qu'elle se sentait au début d'une importante phase de son évolution. Trop tard en effet pour faire marche arrière et tant mieux ! L'avenir est pour elle prometteur : désormais, elle ne va être qu'elle-même.

Pour Jung, contrairement à Freud, les images de rêve ne déguisent pas un désir refoulé mais révèlent quelque chose de profond. Elles ne sont pas forcément générées par un conflit, mais elles nous livrent souvent des solutions pour maîtriser nos difficultés et nous confronter à des antagonismes. C'est ainsi que l'on peut attribuer au rêve une fonction compensatoire et éducatrice : lorsque le moi conscient, c'est-à-dire en état de veille, éprouve des incertitudes et des hésitations, souvent le moi onirique prend la décision et propose la bonne solution.

Pour Jung, le rêve ne reflète pas uniquement des conflits liés à l'enfance – comme le pensait Freud –, mais il exprime aussi bien le présent et le futur de la psyché.

C'est en partie à cause de son interprétation trop centrée sur la « censure » et le refoulement du désir résultant de l'enfance et de la sexualité que Jung s'est détaché de Freud. Dans son ouvrage autobiographique *Ma vie*, Jung écrit :

« (…) en ce qui concerne le contenu du refoulement, (…) je ne pouvais donner raison à Freud. Comme cause du refoulement, il voyait le trauma sexuel et cela ne me suffisait pas. Mon travail pratique m'avait fait connaître de nombreux cas de névrose dans lesquels la sexualité ne jouait qu'un rôle secondaire, alors que d'autres facteurs y occupaient la première place (…) Plus tard, j'ai présenté à Freud des cas de ce genre : mais il ne voulait admettre, comme cause, aucun autre facteur que la sexualité. J'en fus très peu satisfait[26] ».

La différence entre la psychanalyse et l'interprétation des rêves

La psychanalyse est une technique thérapeutique pour soulager des patients ressentant une souffrance due à des causes psychologiques. Le psychanalyste est attentif aux rêves mais son objectif n'est pas leur interprétation. Il les note seulement comme la manifestation de l'inconscient. En retenant toute la censure, tous les blocages, tous les refoulements, il essaie de comprendre le problème de la personne. L'interprétation des rêves n'est qu'un des outils dont dispose l'analyste.

Quiconque tente de comprendre ses rêves et de faire soi-même sa propre interprétation ne saurait donc s'affirmer psychanalyste ! Ce qui n'empêche pas d'utiliser les techniques de cette « science humaine », entre autres l'identification du refoulement et l'interprétation des images.

Exercices

Les six rêves suivants sont à considérer comme des exercices destinés à vous entraîner à récapituler les différents « outils » qui viennent d'être proposés. Répondez aux questions et vérifiez les réponses p. 91.

26. C.G. Jung, *Ma vie*, *op. cit.*, p. 174.

Rêve n° 1

« Dans ma chambre, je trouve des bijoux sertis de diamants. Je les cache parce que j'ai peur d'être accusée de les avoir volés. »

1. Quelles associations d'idées établissez-vous à partir de l'image du diamant ?

Rêve n° 2

« Quand je rentre chez moi, je trouve toute la maison en désordre. Je commence à laver le linge, puis à balayer, mais au bout de quelques minutes, je me dis que c'est inutile. Je repose le balai en remettant toute la poussière sous les meubles. »

2. Quel jeu de mots ou expression populaire pouvez-vous trouver à partir de l'une des images de ce rêve ?

Rêve n° 3

« Je me trouve dans une tour de guet et, de là, je domine tout le paysage jusqu'à l'horizon. Je me sens calme et détendue. »

3. Quels mots peuvent vous aider à analyser ce rêve ?

Rêve n° 4

« Je suis dans une salle immense semi-obscure où se trouvent des statues de dieux égyptiens dont l'une représente un corps humain à tête de chacal. Je comprends que je suis morte. La statue me pose des questions sur ma vie et pèse mon âme. Je suis terrorisée. »

4. Ce rêve vous rappelle-t-il une mythologie, un conte ou une légende ?

Rêve n° 5

« Dans mon rêve, c'est la nuit. J'arrive seul devant une maison faiblement éclairée. Soudain, je m'arrête de marcher et je me cache dans un coin sombre, loin de la lumière. J'entends des pas. Quelqu'un vient mais je ne sais pas qui. Il passe près de moi sans me voir et s'éloigne. »

Rêve n° 6

« Sur la plage, je trouve des huîtres pleines dont la coquille est fermée hermétiquement. Je me dis qu'à la maison, avec un instrument approprié, j'arriverai à les ouvrir. Mais non. Alors je les pose sur le radiateur et la chaleur les fait s'entrouvrir doucement. »

5. Dans ces deux rêves (nos 5 et 6), repérez les éléments qui peuvent être interprétés par la psychanalyse de Freud ou la psychologie analytique de Jung.

Réponses p. 91.

Chapitre 4

Analysez votre journal de rêves

Maintenant, il est temps de reprendre votre journal de rêves ! Il vous permet de comparer les rêves faits durant une certaine période. En balayant du regard une série de rêves, on découvre souvent des éléments que l'on n'aurait pas repérés en examinant les rêves séparément les uns des autres. De plus, l'interprétation que vous avez déjà donnée à l'un de vos rêves peut se trouver confirmée ou infirmée en examinant les autres. Ce que Jung formule ainsi : « L'étude de séries de rêves implique un contrôle de l'interprétation qui peut se révéler très précieux, en ce sens que l'interprétation du premier rêve se voit confirmée ou corrigée par les autres rêves de la série[1]. »

L'étude du journal de rêves vous permet d'avoir une autre connaissance de vos rêves et donc de découvrir d'autres aspects de vous-même.

1. C.G. Jung, *Sur l'interprétation des rêves, op. cit.*, p. 15.

1. Les grands rêves uniques, les songes initiatiques

En étudiant votre journal de rêves, vous repérerez, d'une part, des rêves similaires, voire identiques, et, d'autre part, des rêves n'apparaissant qu'une seule fois.
Parmi ces derniers, certains se révèlent comme des grands rêves uniques. Ils ont une caractéristique particulière : ils vous ont marqué profondément. Même des mois ou des années plus tard, vous vous en souvenez facilement, tellement ils ont été importants. D'après Jung, il s'agit de rêves « numineux » qui laissent chez le rêveur une imprégnation très puissante.
Ces rêves peuvent également être perçus comme des songes initiatiques car ils enseignent au rêveur la ligne de conduite qu'il doit suivre, dans l'immédiat ou pour le futur. On retrouve ici une ancienne conception des rêves : dans l'Antiquité, on pensait en effet que le songe venait du monde divin et délivrait un enseignement. Les anciens mésopotamiens, babyloniens, égyptiens, grecs et romains considéraient que certains rêves très forts nous donnent des instructions pour notre vie parce qu'ils constituent un message des dieux nous visitant pendant nos rêves. D'ailleurs, les Anciens ne disaient pas : « J'ai fait un rêve » mais : « J'ai reçu un rêve ». Ils admettaient donc que certains grands songes pouvaient provenir d'une source extérieure au rêveur. Tandis que nous, héritiers de la psychanalyse, nous avons tendance à croire que tous nos rêves ont pour unique source nous-mêmes.
L'étude de votre journal de rêves et la comparaison avec votre vécu vont vous aider à identifier des grands rêves initiatiques, vous transmettant un message provenant non seu-

lement de vous-même mais aussi, peut-être – nous sommes autorisés à adopter la croyance antique – d'une autre dimension plus subtile...
Dans la Bible sont relatés des grands songes qui changent la vie du rêveur ou d'un grand nombre de personnes. C'est le cas, par exemple, de Pharaon qui avait rêvé de sept vaches maigres et de sept vaches grasses. Joseph, onirologue hébreu, interpréta ces rêves et permit ainsi à Pharaon de prévoir, durant sept années de fertilité, la nourriture pour son peuple avant sept années de famine. Ses contemporains ne pensaient certainement pas que ce rêve traduisait les problèmes psychologiques de Pharaon ni qu'il avait fait ce rêve de son propre chef, mais ils considéraient plutôt que les dieux égyptiens lui avaient envoyé un message, même s'il fallut le talent du serviteur du dieu d'Israël pour le décrypter.

Exemples
Personnellement, je me souviens d'un rêve initiatique que j'ai eu l'impression d'avoir « reçu » (et non pas « fait ») à un moment où je travaillais sur les mystiques et les phénomènes du mysticisme – la lévitation, les stigmates, la luminescence du corps, etc. J'hésitais entre centrer mon étude uniquement sur les mystiques de l'Occident chrétien ou l'élargir aux mystiques des autres religions, notamment orientales, sur lesquelles je me sentais moins compétente. À ce moment décisif pour mon travail, qui engageait deux à trois ans de ma vie, j'ai reçu ce grand rêve unique : je me trouvais dans une bibliothèque universitaire, lorsque fut annoncée l'arrivée d'un guru. J'ai refusé de le saluer, de le traiter avec égard, et je me suis cachée derrière les autres étudiants. Le guru, qui s'en était aperçu, est venu vers moi et m'a demandé : « De quoi avez-vous peur ? De toute façon,

votre voie n'est pas la voie orientale. » De ce rêve, que je n'ai fait qu'une seule fois dans ma vie, j'ai tiré la conclusion qu'il était inutile que je me lance dans la recherche sur les mystiques orientales, qu'il suffisait de me limiter à l'Occident. Cet exemple m'est personnel mais j'ai reçu d'autres récits de rêves initiatiques...

> *Le livre*
> *« J'ai fait un rêve exceptionnel : je viens d'écrire un livre dont je vois la reliure or avec le titre en noir. Dehors, un groupe de gens sont contre moi et contre ce livre. Nous sommes dans le noir. Près de moi, la personne qui est la cause de ce livre dit : "Je n'ai rien fait." Quelques personnes allument alors des bougies et nous allons tous au cimetière. Là, on vote : 50 % pour le livre, 50 % contre. »*

La rêveuse vient de réaliser quelque chose d'important (symbolisé par le livre luxueusement relié) pour son évolution intérieure, mais elle attend l'approbation d'autrui (le vote). La personne en cause dans le livre et qui se justifie, c'est elle-même. Elle cherche des excuses pour ne pas être jugée, alors que plusieurs images du rêve l'encouragent à poursuivre cette exploration de sa propre profondeur : le livre (symbole de connaissance de soi), les bougies (faire la lumière), le cimetière (devenir un être nouveau). Voici un excellent rêve initiatique qui renseigne la rêveuse sur son évolution.

2. Les rêves récurrents

Les rêves récurrents classiques

Poursuivons l'analyse de votre journal de rêves et essayons maintenant de repérer les rêves récurrents, ceux qui se répètent, ceux qui vous font dire : « Je fais toujours le même rêve. » Faire le même rêve plusieurs fois traduit souvent l'existence d'un problème non résolu parce que l'on n'en a pas encore pris conscience. Le rêve continue alors à communiquer le même message jusqu'à ce que l'on change de comportement, de situation, etc. C'est comme si le rêve insistait pour frapper à la porte de la compréhension tant que l'on ne l'a pas ouverte.

Une autre origine des rêves récurrents peut être un traumatisme. Après un accident, la victime continue souvent à le revivre dans ses rêves pendant un certain temps. Les personnes ayant vécu la guerre rêvent parfois des bombardements, de la descente à la cave, des sirènes. De même que les personnes retraitées revivent les conflits du travail alors qu'elles ne sont plus professionnellement actives. Les rêves récurrents indiquent dans ces cas que le traumatisme a été très fort et qu'il faut essayer de le verbaliser et d'en prendre conscience.

Les rêves récurrents ne sont jamais négligeables : puisqu'ils se répètent, c'est signe qu'ils recèlent des éléments importants à prendre en considération.

> *L'oiseau blessé*
> *« Depuis des années, je fais régulièrement le rêve d'un oiseau blessé. Je veux le soigner mais j'ai peur de le faire souffrir en l'attrapant. »*

L'oiseau est d'une manière générale le symbole de la liberté, de la spiritualité et de l'esprit. Il évoque donc dans les rêves tout ce qui en nous désire s'élever, se libérer. Le fait que le rêve revienne fréquemment indique que la rêveuse éprouve un fort besoin de se libérer d'une emprise négative (provoquée par une personne ou par un environnement), d'un souvenir douloureux, d'un comportement inadapté à la situation présente, etc. C'est à elle de déterminer l'élément contraignant qui l'empêche de prendre son envol et la fait souffrir.

Les rêves récurrents avec variations

Il peut y avoir des petites variations dans les rêves récurrents, comme le montrent les exemples suivants : « Je suis souvent propulsé en hauteur par une force inconnue et soudaine », « Je me vois très souvent soit sur une grande terrasse d'un étage, soit en haut d'un bel édifice », « Je vois d'en haut des gens minuscules et des voitures toutes petites ».

Le rêve est toujours le même, même si les détails varient. On peut l'interpréter de deux façons :

– le rêve conseille au rêveur de considérer les éléments de sa vie avec calme, distance et recul ;

– le rêve pointe un comportement moins positif : le rêveur se croit au-dessus des autres, il les juge de haut et les tient à distance par mépris.

3. Les rêves différents avec une image ou une sensation commune

Troisième sorte de rêves que vous pouvez déceler grâce à l'analyse de votre journal de rêves : ceux qui ne sont pas complètement identiques mais qui offrent cependant une même image dominante. Les exemples ci-dessous vont vous permettre d'apprendre à les identifier.

Exemples

La voiture

Supposons que vous découvrez à la lecture de votre journal que vous rêvez souvent de voiture. C'est une image récurrente pour vous et, à première vue, vous seriez tenté de croire que vous faites toujours le même rêve. Il n'en est rien....

Dans un rêve, la voiture avance à grande vitesse sur une route escarpée et vous n'arrivez pas à freiner. Dans un autre, vous êtes conduit dans un taxi vers des lieux que vous ne connaissez pas. Dans un troisième rêve, vous explorez une maison ancienne et dans un hangar, vous découvrez une voiture d'autrefois.

L'image dominante est identique : la voiture, mais les rêves, leurs thèmes et leurs significations diffèrent. Dans le premier rêve, il s'agit de la façon dont vous conduisez votre vie : de manière effrénée. Dans le deuxième, vous êtes conduit par quelqu'un : vous n'êtes pas maître de votre vie. Dans le troisième, vous êtes invité à vous pencher sur une manière de vous conduire dans votre passé.

Un sentiment de peur

Il est également possible que le point commun de plusieurs de vos rêves soit un sentiment. Il s'agit dans ce cas de rêves différents avec une sensation commune (par exemple la peur) : « Un homme me suit dans la rue. J'ai très peur qu'il m'agresse », « Je suis dans mon lit et j'entends quelqu'un qui touche la serrure de la porte d'entrée. Angoissé, je me cache sous la couette », « Je rencontre un tigre qui est prêt à me mordre. Je ne peux plus bouger, tellement j'ai peur ».

Les images de ces trois rêves sont différentes (un poursuivant, un cambrioleur, un tigre), mais le sentiment éprouvé par le rêveur est le même : la peur.

La récurrence de ce thème indique que ce rêveur, dans les diverses situations de sa vie, éprouve toujours de manière instinctive une peur. Cela peut concerner sa prise d'initiative et de décision, sa manière de se positionner face aux autres, etc., ou refléter des situations dans lesquelles il est dominé, voire paralysé par la peur.

C'est ainsi qu'une lecture attentive – et sur un long terme – permet des prises de conscience précieuses pour chacun.

4. Les rêves différents avec un thème récurrent

Repérer des rêves identiques, avec des images récurrentes, est assez facile, nous venons de le voir. Par contre, parvenir à identifier sous des rêves apparemment très différents un thème qui revient régulièrement est un peu plus difficile. Les exemples ci-dessous vont vous y aider : voici plusieurs rêves que vous pourriez avoir notés dans votre journal et qui semblent, à première vue, sans relation.

Exemples

– *« Je rêve que je me perds dans les rayons d'un supermarché. Je ne trouve pas ce que je veux et je suis incapable de faire mon choix. »*

– *« J'erre dans une ville totalement inconnue et je ne retrouve pas mon chemin. Je ne sais pas où j'habite ni où je dois aller. »*

– *« J'ai garé ma voiture dans un parking et je suis incapable de la retrouver. »*
Sous des images différentes, ces rêves ont un thème identique : l'égarement. Cela prouve que, pour vous, ce thème est essentiel.
Pour un autre rêveur, ce sera un autre thème qu'il devra déceler :
– *« Je me trouve sur scène pendant un concert de rock. Tout le monde m'applaudit. »*
– *« Je survole les maisons d'un village. En bas, je vois ma mère, les yeux levés vers moi, s'extasiant de mon exploit. »*
– *« Je marche dans la rue quand une voiture s'arrête. Un acteur très connu descend et m'invite à déjeuner. »*
Les trois rêves sont très différents, sans image commune. Mais ils ont un thème récurrent : la valorisation. « On m'applaudit », « Ma mère s'extasie », « Une personne célèbre m'invite à déjeuner », etc. : le rêveur a besoin d'être valorisé, considéré, il aspire à ce qu'on le trouve intéressant.
Les thèmes sont moins aisés à repérer que les images. Il est néanmoins primordial d'y parvenir. Plus loin, vous trouverez les dix grands thèmes apparaissant le plus souvent dans les rêves (p. 141).
Pour la connaissance de votre propre évolution, il peut être très fructueux de reprendre les rêves que vous faisiez il y a plusieurs années. Vous allez remarquer qu'il y a tout un genre de rêve que vous ne faites plus. De même que certains rêves qui étaient récurrents ne le sont plus : le message a été donc bien compris et vous avez changé.
De plus, il est très réconfortant de prendre conscience que l'on n'est pas figé dans son problème, que l'on n'est pas paralysé à vie par ses difficultés et ses soucis, mais qu'une évolution est possible – vers plus de liberté, plus de force, plus d'autonomie…

Exercices

Considérez ces trois rêves : s'agit-il de rêves différents avec une image ou un thème commun ?

« Dans mon rêve, je suis enceinte d'une petite fille, même si, en réalité, j'ai déjà dépassé l'âge depuis longtemps. »
« Je retrouve dans un coin un bébé. Je ne me souviens pas en avoir eu un. Il est chétif, baignant dans ses excréments et très petit de taille. »
« À la maternité, on m'a donné un bébé ravissant. On me dit que c'est le mien. J'ai très peur de le casser. Je suis heureuse de l'avoir quand, soudain, l'infirmière vient me le reprendre en me disant qu'il n'est pas à moi et qu'il faut le rendre. »

Et les trois rêves suivants, ont-ils une image ou un thème récurrent ?

« Je suis enceinte depuis plusieurs années mais je n'accouche jamais. »
« Je suis dans une forêt très belle et, au pied d'un arbre, je découvre, sous la mousse, un coffret qui contient un trésor en pièces d'or. »
« Je bêche dans un jardin où je découvre que de nombreux légumes et les bulbes des fleurs sont à peine sortis de terre mais ne parviennent pas à maturation. »

Réponses p. 93.

Conclusion

Le mystère de vos rêves

1. Le message du rêve : assemblez tous les éléments

Le but final de toute la méthode décrite ici est que vous arriviez vous-même, pour la majeure partie de vos rêves simples, à décrypter leur message. Pour en comprendre le sens, il faut maintenant rassembler tous les éléments des phases précédentes : les éléments clés de la phase d'observation, les associations d'idées générées en maniant les outils du vécu et du savoir, et les indices apportés par l'analyse de votre journal de rêves. C'est maintenant le moment de vous poser la question finale : « Ce rêve, que veut-il me dire ? » Le rêve est toujours porteur d'un message – plus ou moins important – de l'inconscient, de la mémoire profonde.
Il est véritablement un outil de connaissance de soi. Grâce à lui, nous pouvons commencer à comprendre nos comportements, nos réactions, l'influence de notre passé, et découvrir nos propres dimensions. Le rêve est un miroir de notre âme.
Mais avant de commencer à décrypter votre rêve, n'oubliez

pas que celui-ci peut avoir au moins deux niveaux d'interprétation :
– un niveau premier, très littéral par rapport aux images : le rêve reproduit seulement et de manière globale (même si certains détails diffèrent) un événement ou une situation de votre vécu ;
– un niveau second, plus profond, où les images doivent être comprises non pas de manière littérale mais symbolique.
L'exemple ci-dessous vous fera saisir les deux niveaux d'interprétation possibles.

> *L'ascension pénible*
> *« Je suis avec mon ami, en montagne, sur un sentier étroit. J'ai peur. On grimpe avec des cordes qu'il attache, qu'il noue, il fait des efforts, cela est fatigant. Arrivé à un endroit, il y a des femmes alpinistes, ce qui mécontente mon ami, qui grogne. Elles sont indignées de sa conduite. Je voudrais qu'elles m'aident, mais elles n'en ont pas le droit... sauf si l'on me place dans un cercueil. Mais je refuse. Je vois un autre passage et je me dis qu'il n'y avait pas besoin de faire tous ces efforts. »*

L'observation des éléments clés

L'image dominante : l'ascension pénible.
Le décor : la montagne.
Les différentes scènes du scénario :
– scène 1 : « Je suis avec mon ami sur une montagne et j'ai peur » ;
– scène 2 : « Il m'attache avec des cordes » ;
– scène 3 : « On rencontre des femmes alpinistes, indignées de sa conduite » ;

– scène 4 : « Je demande à redescendre mais cela n'est pas possible, sauf dans un cercueil » ;
– scène 5 (la scène finale) : « Je vois un autre passage et je me dis qu'il n'y avait pas besoin de faire tous ces efforts ».
Les images secondaires : les cordes, le cercueil, l'autre passage. Les détails : le sentier est étroit.
Les comportements et les émotions du rêveur : « On grimpe avec des cordes » ; « J'ai peur » ; « C'est fatigant » ; « Je voudrais que les femmes m'aident à redescendre » ; « Je refuse qu'on me place dans un cercueil ».
Les autres personnages : l'ami mécontent ; les femmes alpinistes.

Les associations d'idées

Les outils du vécu
Pour faire un rapprochement avec le vécu de la rêveuse, nous savons seulement qu'elle a des relations avec un homme qui lui pose des problèmes. Il n'y a pas de symboles personnels dans ce rêve.

Les outils du savoir
– L'ascension : c'est l'image symbolique de l'évolution personnelle, de la progression, du cheminement dans la vie.
– La montagne : elle représente le but à atteindre, élevé. Haut lieu sacré, elle symbolise le sommet dans l'évolution spirituelle.
– Le chemin étroit : il indique la difficulté du parcours vers cette dimension spirituelle à atteindre.
– Les cordes : elles représentent tout ce qui entrave, empêche, ralentit l'évolution.
– L'ami : il représente soit l'homme avec lequel vit cette rêveuse, soit son *animus*, sa part d'énergie masculine.

– Les femmes alpinistes : elles symbolisent d'autres facettes, d'autres parties de la rêveuse.
– Le cercueil : image d'une transformation nécessaire, d'un changement intérieur profond, presque une « mise à mort » de l'ancienne personnalité pour développer la nouvelle.

Les deux niveaux d'interprétation

Considérons d'abord un premier niveau d'interprétation. L'ami du rêve représente l'homme avec lequel la rêveuse vit dans la réalité. C'est le chemin des relations avec cet homme qui est difficile. Avancer dans la vie avec lui est pour cette femme très compliqué, voire périlleux et fatigant. Le fait que le sentier soit étroit accentue cette idée. De plus, cette image indique que la marge de manœuvre dont dispose la rêveuse avec son ami est très étroite. Il l'attache au prix de beaucoup d'efforts avec des cordes, ce qui montrerait qu'il la tient enchaînée, qu'il restreint sa liberté.

Le sentiment qu'elle éprouve sur cette situation est la fatigue. Cette relation épuise ses forces, à tel point qu'elle demande du secours (aux femmes alpinistes). Mais il ne vient pas. Pour qu'elle soit soutenue, elle doit descendre dans un cercueil. L'image du cercueil symbolise une mort au sens symbolique, une transformation. Il faut qu'elle transforme ses relations avec son ami, mais elle s'y refuse.

Les femmes alpinistes indignées symbolisent des aspects de la rêveuse elle-même, reflètent combien elle est scandalisée par le comportement de cet homme. La scène finale lui indique qu'il y a un autre chemin possible, un autre style de relation avec cet homme, sans toutefois préciser lequel.

Mais on peut interpréter ce rêve à un autre niveau en considérant que l'ami symbolise l'*animus* de la rêveuse, c'est-à-dire sa part d'énergie masculine. Cette femme est entravée, bloquée, gênée dans son cheminement et dans ses aspirations spirituelles (idée symbolisée par la montagne, l'ascension pénible, etc.) par un déséquilibre entre son énergie féminine qu'elle utilise trop peu et son énergie masculine qu'elle met en œuvre de façon excessive. Sans doute est-elle trop rationaliste, matérialiste, sceptique, se méfiant de ses propres besoins spirituels, refusant les émotions déclenchées par la religion, la méditation ou la prière. Son intellect paralyse sa sphère émotive.

Le rêve offre à cette rêveuse en même temps un avertissement : dans la relation avec son ami, il lui suggère qu'elle se trouve sur un chemin étroit et dangereux. Elle risque d'y perdre toute son énergie et toutes ses forces. Deux solutions s'offrent à elle : soit elle change la situation (l'image du cercueil), soit elle trouve une autre façon de vivre avec cet homme, voire une nouvelle relation avec un autre homme (nouvelle relation symbolisée par l'autre passage sur la montagne).

Dans la relation avec son énergie « masculine », elle doit laisser son émotivité, sa sensibilité, sa spiritualité mieux s'exprimer pour qu'elle puisse évoluer.

2. Le mystère du rêve

Tous les rêves ont-ils un sens ? Je le crois. Mais faut-il pour autant s'acharner à donner du sens à tous nos rêves ? L'expérience montre que le sens peut se dérober pendant longtemps. Il est possible qu'on ne le comprenne que plus tard, à un autre stade de la vie.

Le rêve n'est pas un exercice mathématique auquel il faut absolument trouver une réponse. Il garde toujours une part de mystère malgré nos efforts pour tenter de le comprendre. Toutes les techniques du monde ne réussiront pas à épuiser cette part de mystère. Et c'est tant mieux ! Que serait la vie sans rêves…

Solutions des exercices

Chapitre 2 : Repérez les éléments clés (p. 37)

Rêve n° 1

1) Identifiez l'image dominante, le décor, les images secondaires et les détails.

L'image dominante : l'épée ancienne.

Le décor : la route, le carrefour.

Les images secondaires : le gendarme, la foule.

Les détails : l'épée est ancienne, sculptée comme au Moyen Âge et enrichie de pierres précieuses.

2) Découpez le rêve en plusieurs scènes. Combien en trouvez-vous ?

– Scène 1 : « Je marche sur une route et je vois une foule très agitée. »

– Scène 2 : « Un gendarme me réclame une épée ancienne. »

– Scène 3 : « Je la lui donne de mauvais gré. »

3) Quels sont les comportements ou sentiments du rêveur dans son rêve ?

Comportements : le rêveur observe une foule agitée, il porte une épée qu'il remet à un gendarme.

Sentiment : le rêveur est mécontent de remettre l'épée.

4) Y a-t-il d'autres personnages dans le rêve ? Que font-ils ?
Les personnages : la foule agitée, les pompiers qui la dispersent, le gendarme qui fait preuve d'autorité.
5) Y a-t-il une scène finale ? Si oui, laquelle ?
Au cours de la scène finale, le rêveur remet son épée, mais à contrecœur.
Interprétation
Le carrefour est une première indication précieuse : le rêveur arrive à un moment crucial de sa vie et une décision s'impose. Mais en lui s'agite une multitude de sentiments et d'émotions, imagée par cette foule. L'épée est ici symbole de jugement, de discernement. Le rêveur est appelé à exercer sa lucidité pour trancher une situation. Comme l'épée est ancienne, on peut supposer que cette situation a un rapport avec son passé et plus précisément son « âge moyen ».
Le gendarme et les pompiers sont le symbole d'une autorité.
Le message du rêve : soit le rêveur est seul capable de trancher la situation qui le préoccupe, soit il est soumis à une autorité qui le domine.

Rêve n° 2

1) Identifiez l'image dominante, le décor, les images secondaires et les détails.
L'image dominante : la frontière (symbole d'un passage, d'un changement qui s'est opéré, ou doit s'opérer, chez la rêveuse).
Le décor : ici, il y en a deux, la douane et le théâtre.
Les images secondaires : la voiture (symbolisant le comportement, la conduite), le public du théâtre (c'est le regard d'autrui).
Les détails : la voiture est ancienne et décapotable (donc luxueuse, ce qui symbolise l'idée d'être valorisé par les apparences extérieures).

2) Découpez le rêve en plusieurs scènes. Combien en trouvez-vous ?

– Scène 1 : la frontière, l'arrêt par les douaniers.

– Scène 2 : l'arrivée au théâtre.

3) Quels sont les comportements ou sentiments de la rêveuse dans son rêve ?

Sentiments : étonnement, satisfaction, impatience.

4) Y a-t-il d'autres personnages dans le rêve ? Que font-ils ?

Les personnages : les douaniers (surveillants qui interdisent ou autorisent en regardant).

5) Y a-t-il une scène finale ? Si oui, laquelle ?

Scène finale : l'arrivée soudaine dans un théâtre. La rêveuse est impatiente de se montrer devant un public.

Interprétation

Plusieurs images de ce rêve montrent que la rêveuse éprouve un intense besoin d'être mise en valeur : la belle voiture luxueuse, l'impatience de rentrer sur scène (pour être admirée). Elle souffre d'un manque de confiance en elle qui génère un complexe. La frontière, c'est celle qu'elle voudrait bien franchir pour être, enfin, différente de ce qu'elle est dans la réalité. La dernière scène indique cependant que la rêveuse veut toujours jouer un personnage, donc qu'elle n'admet pas encore d'être pleinement elle-même. Elle a toujours besoin d'être valorisée par le regard des autres (symbolisé à la fois par les douaniers et le public).

Chapitre 3 : Maniez les outils de l'interprétation symbolique (p. 70)

1) Quelles associations d'idées établissez-vous à partir de l'image du diamant ?

Quelques associations d'idées : richesse, mines, royauté,

facettes multiples, fiançailles, qualité propre, dureté, capacité de couper, James Bond, éternité, éclat, lumière…

2) Quel jeu de mots ou expression populaire pouvez-vous trouver à partir de l'une des images de ce rêve ?

L'expression populaire cachée dans le rêve est « laver son linge sale en famille ». Le « nettoyage » auquel cette rêveuse est invitée à procéder peut commencer dans la sphère familiale.

3) Quels mots peuvent vous aider à analyser ce rêve ?

– « Guet », qui invite la rêveuse à guetter, c'est-à-dire à faire attention à une situation de sa vie, à prévoir, à se tenir en attente.

– « Dominer », qui suggère à la rêveuse de voir les choses de plus haut à condition de ne pas adopter un comportement dominateur à l'égard des autres.

4) Ce rêve vous rappelle-t-il une mythologie, un conte ou une légende ?

Le dieu égyptien à tête de chacal représente Anubis qui, dans la mythologie, pèse les âmes au moment de la mort. Cette « psychostasie », cette pesée, constituait l'une des croyances fondamentales de la religion égyptienne. Il s'agissait de mesurer le poids de l'âme, qui peut être légère si la personne a mené une vie exemplaire ou lourde si elle a fait de mauvaises actions. La rêveuse, par cette scène, est invitée à reconsidérer sa vie – sur laquelle la statue l'interroge –, à peser le bien et le mal et à renaître à une autre vie, symbolisée ici par la mort.

5) Dans les rêves n°s 5 et 6, repérez les éléments qui peuvent être interprétés par la psychanalyse de Freud ou par la psychologie analytique de Jung.

Rêve n° 5 : le personnage inconnu inquiétant est une figure d'Ombre, selon l'archétype de Jung. Le rêveur doit mettre en lumière la part de lui-même qui est « négative » et qu'il préfère garder dans l'ombre, et en prendre conscience. Rêve n° 6 : l'image de l'huître qui s'entrouvre doucement à la chaleur évoque, dans l'optique freudienne, le sexe féminin. Or, ce rêve est celui d'un homme qui cherche une compagne avec laquelle il pourrait avoir des relations sexuelles. Mais le rêve lui donne un conseil précieux : il y faut de la chaleur affective. L'allusion à un instrument approprié pour ouvrir la coquille est, elle aussi, très claire : le phallus. Mais le sexe seul, sans tendresse, n'est pas un sésame suffisant pour ouvrir à des relations épanouissantes : tel est le message de ce rêve.

Chapitre 4 : Analysez votre journal de rêves (p. 82)

Les trois premiers rêves (être enceinte, trouver un bébé chétif, rendre son bébé) sont des rêves différents avec une image commune, le bébé qui symbolise le Soi, l'être intérieur, mais ils répondent à des interprétations différentes :
– être enceinte est une promesse de possibilités créatrices ;
– trouver un enfant chétif souligne un manque d'attention à la vie intérieure ;
– rendre le bébé montre un refus de connaissance de sa personnalité profonde.
Les trois rêves suivants (être enceinte, découvrir un trésor, bêcher son jardin) sont des rêves différents à thème récurrent : à première vue, les images sont variées, sans points communs apparents. Et pourtant, le thème est le même : la richesse intérieure. Dans le rêve 1 et 3, elle n'est guère cultivée. Dans le rêve 2, au contraire, elle est trouvée et peut s'épanouir.

Petit vocabulaire des rêves

Les dix grandes images les plus fréquentes dans les rêves

Vous trouverez dans cette partie les dix grandes images qui se retrouvent le plus fréquemment dans les rêves, d'après les témoignages innombrables que j'ai reçus à la télévision et à la radio. Par exemple, j'ai constaté que les rêves de mort constituent environ un quart des rêves qui m'ont été communiqués. Ces dix grandes images, ou plutôt groupes d'images, ne recouvrent évidemment pas toutes les images possibles des rêves. L'objectif de cette partie n'est pas de vous présenter un dictionnaire, mais de vous offrir une première possibilité d'interpréter vous-même un nombre important de vos propres rêves. Pour les images plus particulières, vous pouvez vous reporter à mon *Dictionnaire des rêves*[1].

1. La maison (salon, cuisine, grenier et cave, WC et salle de bains, salle à manger, couloirs et escaliers).
2. Le corps (main, jambes, gorge/cou, tête, œil, nudité).
3. Les dents et les cheveux.
4. Les animaux (araignée, chat, chien, oiseau, cheval, rat, serpent).
5. La mort (cimetière, cercueil).
6. Le bébé.
7. Les transports (voiture, train, avion).

---

1. Albin Michel, 1998.

8. Le vol, la chute.
9. La nourriture.
10. L'argent (monnaie, bijoux, or).

1. La maison

La maison est le symbole de votre vie « intérieure ». Traditionnellement – le grand interprète des rêves de l'Antiquité, Artémidore, le faisait déjà remarquer –, elle représente à la fois le corps humain, ses différentes parties et la structure psychologique du rêveur, ce qu'on pourrait appeler sa vie « intérieure ». Remarquez que l'on désigne sous l'expression de « femme d'intérieur » une femme qui tient bien sa maison...

Dans son ensemble, la maison est donc à l'image du rêveur. Autrement dit, telle vous voyez votre maison, telle est votre situation intérieure. La maison symbolise en effet la sphère intime personnelle. Si elle apparaît délabrée, en désordre, cela signifie que vous traversez une période déstabilisante et un grand nettoyage (de vos comportements ou de vos relations) s'impose. Si elle vous est inconnue, c'est que vous vous connaissez mal, qu'il existe en vous-même des dispositions que vous ignorez. De même, les pièces de la maison qui sont vides représentent des parties de vous-même, des capacités non exploitées, des talents qui vous sont inconnus. Et si vous n'en êtes pas propriétaire mais locataire, cela signifie que vous n'utilisez pas suffisamment vos capacités.

De plus, chaque pièce de la maison possède un symbolisme particulier.

Le salon

Le salon est le lieu où l'on reçoit les amis, les visiteurs. Il est donc en rapport étroit avec les relations sociales. Un salon en désordre, par exemple, indique que le rêveur se sent mal à l'aise en société, pour des raisons qu'il faut chercher à comprendre.

La cuisine

C'est l'endroit où des ingrédients bruts sont transformés en mets raffinés. Un rêve dans une cuisine est un signe positif car il indique une période de transformation, d'évolution. Quelque chose dans votre vie va changer et vous aider à avancer. Mais personne ne fera le cuisinier à votre place : c'est à vous de prendre votre vie en main pour lui apporter les améliorations nécessaires. Ce type de rêve vous y encourage vivement.

Le grenier et la cave

Le grenier fait référence au passé, puisqu'on y entrepose toutes les « vieilleries », les souvenirs, les objets d'autrefois. Remarquez au passage qu'ils sont généralement devenus inutiles. Un rêve au décor de grenier peut donc inviter à ne plus vous référer sans cesse au passé pour mieux affronter l'avenir.
Quant à la cave, lieu traditionnel d'entrepôt du bon vin et des réserves de bois ou de charbon, elle symbolise les richesses enfouies dans vos profondeurs inconscientes.

La chambre

C'est sans doute l'image qui apparaît le plus fréquemment dans les rêves. Elle est liée à tout ce qui touche aux relations conjugales ou sexuelles. Un tel décor indique donc que votre problème, si problème il y a, se situe précisément dans ces domaines.

Les WC et la salle de bains

Les rêves de WC sont fréquents mais on hésite à les raconter par gêne. C'est un tort, car cette image est plutôt positive. Les WC, autrefois appelés « lieux d'aisance », indiquent un besoin d'élimination. Quelque chose dans votre vie risque de vous « empoisonner » et l'évacuation ne peut que vous apporter un mieux-être, psychologiquement parlant.
La salle de bains, elle, est plus précisément un lieu de nettoyage, de purification. Le rêveur exprime par ce rêve un désir de « nettoyer » des relations, des comportements, des situations... C'est donc, là encore, un signe positif.

La salle à manger

Les rêves se déroulant dans la salle à manger sont généralement construits sur ce scénario : la rêveuse ne trouve pas sa place à table, sert les autres mais n'a plus rien à manger pour elle, s'active pour tout préparer, mais aucune chaise n'est libre pour qu'elle puisse s'asseoir et trouver enfin sa place parmi les autres, etc.
La salle à manger est le lieu du repas, c'est-à-dire du partage de la nourriture. De tels rêves montrent que vous ne vous occupez pas assez de « nourrir » votre propre vie intérieure, que vous n'assouvissez pas vraiment votre faim profonde.

Les couloirs et les escaliers

Les rêves qui se passent dans des couloirs (qui offrent généralement plusieurs portes ou issues) montrent que vous disposez de possibilités de choix. Certaines portes vont s'ouvrir devant vous. En revanche, les couloirs symbolisent un sentiment d'égarement si vous vous voyez perdu dans un couloir labyrinthique sans fin...
Les escaliers indiquent la manière dont la circulation s'opère entre le conscient et l'inconscient. De plus, la montée tend

à indiquer plutôt une évolution ; la descente, non pas une régression, mais un désir d'aller vers le bas, dans les profondeurs de l'inconscient.

2. Le corps

Quand une partie du corps est mise en scène dans un rêve, il faut commencer par réfléchir à la fonction de cette partie, en se posant une simple question : à quoi sert-elle ? La réponse met sur la piste de l'interprétation.

La main

À quoi servent vos mains ? D'abord, à entrer en contact avec les autres. Le premier geste de bienvenue est de tendre la main pour dire bonjour. Souvent, nous appuyons notre discours par des gestes des mains. Et, dans le langage des sourds, elles servent à former des signes comme des mots. Globalement, les mains constituent un outil irremplaçable pour agir, créer, exécuter et communiquer. Le travail manuel reste, même à l'heure des machines, un travail noble. N'oublions pas que les mains servent aussi à caresser, à exprimer la tendresse et l'amour (quel que soit l'âge de la vie, du nourrisson aux personnes âgées). Enfin, la main aide à transmettre des énergies bénéfiques, des fluides qui calment et guérissent.

Les mains mutilées. Très souvent, dans les rêves, les mains apparaissent en mauvais état : coupées, mutilées, blessées, attachées, sales ou mordues. Cette image négative est pénible et cette impression ne fait que renforcer le message du rêve : il faut examiner sa vie sous l'angle de la communication avec les autres, des capacités créatrices ou des manières d'exprimer l'affection. C'est dans l'un de ces trois domaines que le rêve de mains mutilées cherche à attirer l'attention.

Les rêves de mains coupées indiquent souvent une incapacité à développer ses propres compétences. Certaines femmes ont eu à souffrir du comportement d'un homme (père et/ou mari) et n'ont trouvé pour se protéger que la passivité. Elles font tout ce que leur « devoir » leur impose, correctement, tant à la maison qu'au travail, mais n'y mettent aucune « vie », aucune chaleur. Elles agissent par contrainte, plus ou moins consentie, et n'éprouvent au fond d'elles-mêmes qu'un immense ennui parce que leur nature profonde, avec ses richesses, ses dons créateurs, ne parvient pas à s'exprimer. Si vous faites un tel rêve, je vous encourage à vous consacrer au plus vite à une activité qui vous épanouisse, dans le domaine social, culturel ou artistique ou à développer vos relations amicales et familiales.

« Je m'en lave les mains. » Cette phrase célèbre, prononcée par Ponce Pilate au procès du Christ, signifie qu'il ne voulait pas porter la responsabilité d'une mise à mort injuste. « S'en laver les mains » est donc devenu une expression pour décliner toute responsabilité. En rêve, si vous vous lavez les mains, la signification peut être double : soit vous vous purifiez (c'est un geste d'ablution), soit vous vous justifiez (vous vous considérez déchargé et innocent de ce qui peut advenir).

Les jambes

Les jambes parlent de notre progression et de notre équilibre. Ces rêves nous invitent à réviser notre comportement. Les personnes qui sont immobilisées, accidentées de la vie ou handicapées, savent combien les jambes permettent la liberté ! Se trouver immobile, c'est devenir dépendant, sans autonomie. Dans les rêves de jambes bloquées, on est enfoncé dans la boue, on tente péniblement de soulever une jambe puis l'autre, on désire fuir, mais rien à faire, les jambes ne répondent plus. C'est une situation si pénible et si épuisante qu'il n'est pas rare de se réveiller avec la sensation physique d'une intense fatigue (preuve que les rêves peuvent avoir de très réels effets physiologiques).

Les jambes jouent essentiellement deux rôles : elles servent à maintenir en équilibre et elles permettent d'avancer. Si un rêve vous montre une difficulté au niveau des jambes, c'est que vous vous trouvez dans une phase de votre vie où votre équilibre est menacé et votre progression personnelle compromise.

Le rêve de jambes paralysées peut aussi être compris comme un conseil : ce n'est pas le moment d'avancer dans vos projets, remettez-les à plus tard, accordez-vous un temps de réflexion.

Certaines parties de la jambe sont plus particulièrement intéressantes à analyser : la cuisse, le genou et le talon.

La cuisse : une force très souvent illusoire. Dans l'Antiquité grecque, la cuisse était le symbole de la force virile. Des amours de Zeus, le maître de l'Olympe, et de Sémélé, une mortelle, devait naître Dionysos. Mais Sémélé demanda à voir la splendeur du souverain des cieux, Zeus s'exécuta et la pauvre mourut foudroyée devant cet embrasement de gloire. Mais Zeus lui arracha l'enfant à naître et le cacha dans sa cuisse. Plus tard, Dionysos fut appelé le « deux fois né ». D'où l'expression « se croire né de la cuisse de Jupiter (ou Zeus) ». Elle désigne quelqu'un de prétentieux. Les rêves mettant plus précisément en lumière la cuisse soulignent une tendance à s'illusionner sur ses propres capacités, à se croire au-dessus des autres.

Le genou : un peu d'humilité. Quelquefois, ce sont les genoux qui sont écorchés ou sur lesquels le rêveur se voit marcher douloureusement. En règle générale, le genou symbolise la soumission. On ployait le genou devant son Dieu et devant son roi. Si vous vous voyez fréquemment en train de vous agenouiller et de faire acte d'allégeance, c'est que vous avez une tendance excessive dans la vie à laisser les autres avoir autorité sur vous. Un peu d'humilité, c'est bien ; mais trop de servilité est nuisible !

Le talon : point vulnérable. L'Iliade, poème épique d'Homère, permet de comprendre pourquoi le talon est symbole de vulnérabilité. Nous avons déjà évoqué cette histoire de la mythologie grecque (voir p. 50). À sa naissance, le valeureux Achille avait été plongé par sa mère Thétis dans l'eau du Styx, pour le rendre invulnérable. Mais Thétis, négligente, oublia de mouiller le talon du pied par lequel elle le tenait. Aussi est-ce à cet endroit que le Troyen Pâris lui décocha sa flèche mortelle. Les rêves de talon vous invitent à mieux considérer votre point faible. Si, dans un rêve, vous êtes blessé au talon, c'est que votre inconscient vous rappelle que vous avez aussi des faiblesses cachées.

La tête

Renfermant le cerveau, la tête est de fait considérée comme le siège des fonctions dites « nobles » : pensée, volonté, intelligence, raison, mémoire et conscience en général. La tête est le « chef » (du latin *caput*) qui gouverne le corps et ses comportements. C'est une façon traditionnelle de résumer son rôle car on sait désormais que bien d'autres organes (comme les glandes surrénales ou les organes sexuels) influencent notre comportement en libérant certaines hormones.

Perdre la tête. Dans les rêves, l'image d'une tête – que ce soit celle du rêveur ou celle d'un personnage – fait allusion à la capacité de raisonnement, surtout lorsqu'elle est menacée. Les expressions populaires aident à l'interprétation : « perdre la tête » dans le cas d'une passion, « ne plus avoir toute sa tête » quand les facultés mentales sont brouillées, « sans queue ni tête » pour désigner quelque chose de dénué de sens, de signification. Voir un corps sans tête montre que votre capacité à réfléchir est très altérée. Le rêve vous invite à mieux utiliser votre sens critique, votre jugement, votre logique, pour améliorer votre comportement.

Échafaud ou guillotine. Est-ce une réminiscence de la Révolution dans notre inconscient collectif ? En tout cas, ces images ne sont pas absentes des songes de nos contemporains. C'est une façon de perdre la tête, mais brutale ! Les rêves d'échafaud peuvent être liés à des problèmes de sexualité. Ce qui n'est guère surprenant si l'on considère que la tête est le premier siège de la sexualité. La sonorité même du mot invite à y réfléchir : « Et chat faux », le chat étant l'un des symboles de la sexualité, du moins féminine ; quand il est faux, faussé, faussement vécu, il révèle des difficultés.
Enfin, autre possibilité d'interprétation : la tête symbolise le principe vital. Couper un membre ne provoque pas la mort, couper la tête oui. Les guerriers gaulois qui décapitaient leurs ennemis s'appropriaient ainsi la force du vaincu. En rêve, l'image de la tête peut donc être en relation avec votre énergie vitale.

La gorge

Elle permet à l'air de circuler entre l'extérieur et l'intérieur de notre corps. Elle est donc en rapport avec l'une des fonctions les plus essentielles à notre vie : la respiration. Cet organe est aussi le siège des cordes vocales, et donc de la voix, en rapport avec ce que nous voulons dire et exprimer. Toute image en rêve qui bloque la gorge, la serre, la gêne, la blesse, traduit donc chez le rêveur une difficulté à « respirer », c'est-à-dire à se sentir à l'aise. Une situation de sa vie provoque un « étouffement ». Il se sent incapable d'exprimer son émotion et sa souffrance.

Dans la gorge se concentrent donc angoisse et émotion. Les expressions populaires rappellent combien elle est le siège privilégié de la sphère émotionnelle : « avoir la gorge serrée » ou « une boule dans la gorge », « se sentir pris à la gorge » ou « avoir le couteau sous la gorge » (ne plus savoir comment s'en sortir). Pensez aussi à l'expression « C'est dur à avaler ».

Dans les rêves, les images les plus fréquentes montreront :

– un étouffement à cause de quelque chose qui coince dans la gorge : un chewing-gum, un boyau, un cordon, une balle, des morceaux de verre, des insectes, bref quelque chose qui empêche d'avaler et de respirer ;

– un étranglement par des mains ou des cordes.

De telles images invitent le rêveur à réfléchir à ce qui, dans sa vie, peut être source d'angoisse : mauvais souvenir, expérience douloureuse, inquiétude pour l'avenir, chagrin, ou toute autre cause qui génère un sentiment d'oppression, qui empêche de vivre en respirant, en « soufflant », à l'aise. Il faut aussi chercher « ce qui ne passe pas » dans les relations familiales, professionnelles, sociales[2].

De plus, un rêve de gorge serrée ou bouchée illustre une difficulté à exprimer sa souffrance et suggère au rêveur d'essayer d'en parler avec quelqu'un. Les mots servent à soulager les maux et parler à un ami peut apporter un mieux-être. Si cela ne suffit pas, il faudra envisager une thérapie.

---

2. Il peut être utile de rechercher aussi des causes biologiques à ces rêves, comme l'apnée du sommeil. Il ne faut pas, en effet, exclure l'idée que certains rêves puissent avoir des causes somatiques (corporelles).

Notez enfin que tous les rêves mettant en images la langue (par exemple quand elle grossit démesurément) ou le cou (y compris le collier qui enserre le cou) peuvent correspondre à ce même type d'interprétation.

L'œil

Fenêtre sur le monde, l'œil est l'organe de la vision vers l'extérieur. Il est aussi celui de la clairvoyance intérieure. C'est pourquoi il revêt une importance particulière dans les traditions spirituelles car il symbolise le discernement, la capacité à voir clair en soi-même, à ne pas s'illusionner sur ses propres qualités, défauts ou capacités, à examiner ses comportements avec lucidité.

En rêve, l'image d'un regard, d'un œil ou des yeux – celui du rêveur ou celui d'un autre personnage, voire d'un animal – souligne donc une difficulté à « voir les choses comme elles sont » et invite le rêveur à regarder la réalité en face ou autrement, à poser sur lui-même, les autres, les situations de sa vie, un regard différent. Notez que toute image de rêve concernant la vue, le regard, l'œil ou l'incapacité de voir, l'aveuglement, ou toute blessure sur cet organe du corps (œil crevé par exemple), répond à la même interprétation.

Certaines images plus spécifiques indiquent que le rêveur est sur la voie d'une prise de conscience : rencontrer un sage aveugle, visualiser le troisième œil (symbole de la clairvoyance, etc.). Indication très positive parce qu'une prise de conscience est une étape dans l'évolution individuelle et, souvent, dans la résolution des problèmes.

En associant des idées autour de l'expression populaire « Je le tiens à l'œil », le rêve évoque quelquefois une « surveillance » plus ou moins bien vécue par le rêveur : quelqu'un, en le tenant à l'œil, l'empêche de vivre et d'évoluer. L'autre expression « Je l'ai eu à l'œil », pour signifier gratuitement, sans payer, suggère que le rêveur est tenté de faire l'économie d'un effort pour régler un problème. Un rêve d'œil est donc toujours un message important à prendre en considération.

Le corps nu

Voir son corps sans vêtements est un rêve fréquent. Les vêtements ont plusieurs fonctions : ils préservent du froid, ils affichent une appartenance sociale, ils cachent notre corps et, en particulier, ils permettent de se montrer aux autres comme on veut être perçu. Ne plus porter ses vêtements indique donc, symboliquement, un désir de ne plus se cacher derrière les apparences, mais de vivre enfin en assumant sa véritable personnalité. Les vêtements symbolisant l'image que l'on veut donner de soi, un rêve de nudité peut donc indiquer que l'on se sent parfaitement à l'aise ou bien, au contraire, mal adapté à son environnement social. En rêve, nudité égale vérité.

Dans la majorité de nos rêves, la nudité nous invite à être vrai : les faux-semblants ont fait leur temps, les mensonges encore plus ; il convient maintenant de ne plus tricher et de faire face à soi-même, dans son for intérieur, et de faire face aux autres, dans sa vie sociale.

Les rêves de nudité ne sont pas des rêves érotiques mais ils peuvent avoir un rapport avec la sexualité. Surtout si celle-ci est vécue comme honteuse. Dans ce cas, la nudité peut symboliser les difficultés du rêveur à aborder le sujet de la sexualité avec son environnement, son partenaire, sa famille, ses amis, etc.

Bien entendu, être nu c'est aussi être pauvre. Symboliquement, il s'agira d'une pauvreté plus souvent psychologique que matérielle. Face à une situation délicate, professionnellement parlant, on peut se sentir démuni, désarmé. Cette « pauvreté » de moyens pour se battre et se défendre entraîne une souffrance, plus ou moins consciente, que le rêve met en évidence. Mais, sur le plan psychologique, il existe une autre « pauvreté », celle qui ressort d'une libération des contraintes. Choisir une plus grande simplicité est libératoire. Le dénuement est souvent le dépouillement de l'inutile. Une fois encore, nous pouvons constater qu'une même image peut offrir des significations différentes.

3. Les dents et les cheveux

Les dents, comme les cheveux, symbolisent la bonne énergie, la force vitale, liée d'ailleurs à une bonne santé. Les perdre en rêve indique donc une perte de cette vitalité et montre que l'on traverse une période difficile qui épuise les forces.
Les rêves de perte de dents ou de cheveux surviennent le plus souvent en période de « déprime » ou de fatigue. Nous traversons tous des périodes de lassitude et il ne faut pas s'inquiéter de ces rêves. Mais s'ils reviennent fréquemment, on pourra dans ce cas les considérer comme un avertissement indiquant un déséquilibre passager de l'énergie vitale : si la situation n'est pas réglée (et il vous faut définir de quelle situation il s'agit), vous risquez de vous épuiser inutilement.

Les dents

La superstition populaire dit que perdre ses dents en rêve est un signe de mort : rassurez-vous, il y a bien d'autres interprétations possibles !

Un manque d'agressivité. Souvent, les dents servent à mordre, soit pour attaquer, soit pour se défendre. Chez les animaux, c'est évident, mais c'est vrai aussi chez les humains... Qui manque d'énergie pour se battre ou se défendre fera souvent ce rêve de perte des dents.

Un problème d'assimilation. Une autre interprétation nous est suggérée par une autre fonction de la dentition : l'assimilation de la nourriture. Et le rêve n'évoque pas seulement la nourriture « terrestre », mais quelquefois la nourriture intellectuelle, voire spirituelle. Dans ce cas, la perte de dents symbolise les difficultés du rêveur à assimiler des tâches professionnelles, à relever des défis de nature intellectuelle ou religieuse, etc.
Remarquons que l'interprétation sera différente lorsqu'il s'agit des molaires ou des dents de façade. Autant celles du fond, qui ont de la force, servent à broyer les aliments, autant celles de devant auront un rapport avec le sourire, et donc avec le visage que nous montrons aux autres. Le rêve nous avertit de ne pas nous contenter de « paraître », de montrer un personnage de « façade ».

Querelles et conflits. Les expressions populaires sont toujours précieuses pour l'interprétation des rêves : « avoir une dent contre quelqu'un », « avoir la dent dure », etc. Les rêves de perte de dents peuvent quelquefois donner un message précis : il faut cesser d'avoir la dent dure contre telle personne, arrêter les conflits et tenter une réconciliation.

Une émotivité excessive. Enfin, dernière interprétation possible : perdre ses dents, c'est perdre le contrôle de son émotivité. Devant certaines situations, en effet, nous devons apprendre à « serrer les dents » et même, si la peur s'empare de nous, à ne pas « claquer des dents ». Le rêve indique ici que vous devez mieux contrôler et mieux maîtriser vos sentiments.

Les cheveux

De tous temps, une chevelure abondante a été un attribut de la séduction pour les femmes et un symbole de la force virile pour les hommes. Dans la Bible, lorsque Dalila coupe les cheveux de Samson endormi, elle le prive de sa force (physique et sexuelle, et, sur un plan psychologique, de ses capacités créatrices). Traditionnellement, l'homme rasé est un homme soumis. Aux époques mérovingiennes et carolingiennes, les rois guerriers portaient les cheveux longs en signe de force et coupaient les cheveux de leurs ennemis afin d'anéantir leur puissance.

Signe de séduction. Pour les femmes comme pour les hommes, le rêve de perte des cheveux renvoie souvent à leur capacité de séduction et révèle une peur de perdre leur attrait. Ce rêve est donc lié à des difficultés dans les relations amoureuses.

Des poux dans les cheveux. La présence de vermine dans les cheveux est une exagération du rêve pour faire passer son message : puisque le rêveur n'a pas encore compris son problème (de séduction ou de manque d'énergie), le rêve envoie des images plus fortes et plus désagréables. Ainsi les poux sont-ils ressentis avec dégoût. On interprétera de la même manière tous les rêves de cheveux sales, en désordre, broussailleux, etc.

Les cheveux blancs. Ils symbolisent la sagesse du grand âge. L'apparition d'un personnage âgé aux cheveux blancs, qui a quelque chose à enseigner, peut être interprétée comme un conseil de sagesse. Mais il ne faut pas oublier non plus l'expression « se faire des cheveux blancs » : le rêve pourrait alors renvoyer à des soucis et des inquiétudes.

Un bon coup de peigne. Mettre ses cheveux en ordre, les peigner, rectifier sa chevelure, toutes ces images sont positives : elles révèlent un désir de mieux organiser son énergie et sa vie. Pensées, idées, projets, décisions commencent à se mettre en place, même s'ils exigent encore des efforts. Si ce rêve est positif, il est néanmoins moins fréquent que les autres.

Se couper les cheveux. La coupe de cheveux offre un autre symbolisme, celui du renoncement, voire du deuil (l'expression « J'en ai fait mon deuil » signifie « J'ai renoncé à »). Les moines, les prêtres, les religieuses de la plupart des religions rasent leurs cheveux pour signifier leur renoncement au monde et aux richesses. Il faut interpréter ce rêve de cheveux coupés :
– soit comme une incitation à renoncer (à un désir ou à un projet) ;
– soit, au contraire, comme une indication du comportement habituel du rêveur : il renonce facilement, sans chercher à modifier son attitude.
Renoncer à se battre, par exemple, peut traduire le refus de toute agressivité, une fuite devant la difficulté pour ne pas régler le problème, un refus de séduire ou encore le refus d'être en position de puissance.

4. Les animaux

C'est en examinant le comportement dominant d'un animal qu'on peut trouver l'idée suggérée par le rêve. Par exemple, la principale caractéristique du chien étant la fidélité à son maître, il est fréquent que les rêves de chien soulignent un problème de fidélité, et donc d'infidélité.
Notez que les rêves de poursuite par des animaux inquiétants (taureau, loup, lion, etc.) sont une façon qu'utilise le

rêve pour insister : vous êtes directement concerné. Ils cherchent à attirer votre attention sur un problème que vous ne voulez pas voir.

L'araignée

Guettant sa proie au centre de sa toile, cette petite bête, rarement ressentie comme sympathique dans les rêves, évoque une idée de piège et d'enfermement. Si vous faites fréquemment des rêves d'araignées, vous vivez certainement une situation (professionnelle, familiale ou sentimentale) dans laquelle vous vous sentez piégé. À chacun de découvrir de quelle situation il s'agit !
Observez bien votre comportement face à l'araignée : êtes-vous actif ou passif ? Faites-vous quelque chose pour vous débarrasser d'elle ou fuyez-vous ? La réponse à ces questions montre comment vous vous comportez dans la vie face au piège qui vous pose problème.

La femme dévoreuse. L'araignée symbolise quelquefois une personne, souvent féminine, qui cherche à vous nuire, consciemment ou inconsciemment. Par exemple, il existe des mères qui, croyant bien faire, se montrent envahissantes et empêchent leur enfant de s'épanouir. C'est pour cela que l'araignée apparaît fréquemment dans les rêves d'adolescent(e)s.
L'araignée peut aussi être le symbole d'une femme ensorcelante qui tient dans son piège le cœur d'un homme.

Des toiles poussiéreuses. Les vieilles toiles d'araignée qui décorent, si l'on peut dire, les greniers et les endroits inhabités sont aussi intéressantes. Elles symbolisent tout ce qui, dans la vie du rêveur, est poussiéreux, appartient au passé et exige un sérieux « coup de balai » : sentiments périmés, vieux souvenirs, attaches sentimentales devenues inutiles, comportements dépassés, etc. La présence de ces toiles d'araignée est donc une invitation à faire un peu de ménage dans votre vie.

Le chat

Ce sont les caractéristiques du comportement du chat qui nous éclairent sur sa symbolique dans les rêves. Le chat est un animal indépendant, mais aussi insouciant. Il aime le jeu, se montre méticuleux sur son territoire et peut être capable d'une traîtrise rusée, voire cruelle. En effet, sous sa patte de velours se cachent de terribles griffes.
Par ailleurs, le chat dans les rêves apparaît souvent comme un symbole du féminin. Que vous soyez homme ou femme, un rêve de chat insiste sur votre « côté féminin ». Il n'est pas toujours facile de comprendre ce que recouvre cette composante féminine que chacun de nous possède et qui est le pendant, pour un bon équilibre psychologique, de notre composante « masculine ». Ce sont deux formes de notre énergie vitale et notre développement personnel dépend surtout de notre capacité à bien les harmoniser. Très souvent, le chat de nos rêves évoque une difficulté dans l'expression de la sexualité féminine.
Dans le rêve, la présence d'un chat agressif, furieux, hargneux, a pour but d'attirer votre attention sur la peur inconsciente que vous éprouvez pour la sexualité ressentie comme une sorte d'agression. Il faudra peut-être dans ce cas envisager une aide psychologique pour mieux comprendre l'origine de cette réaction.

Le chien

En rêve, comme tout animal, le chien évoque nos instincts : l'instinct maternel, l'instinct de survie et de défense, l'instinct

sexuel... Il arrive qu'une éducation trop sévère, une morale mal comprise et « castratrice » ait étouffé un de ces instincts. C'est alors par une voie inconsciente, celle du rêve, que l'instinct réprimé se fera entendre.
Si le chien de votre rêve est amical, qu'il soit petit ou gros, c'est que le rapport à vos instincts se fait correctement : vous parvenez à les contrôler (l'agressivité par exemple) sans les nier, ce qui est positif car il est parfois bon de laisser sortir une colère, ne serait-ce que pour prendre conscience de cette donnée de son caractère.
Si au contraire le chien est agressif ou menaçant, c'est qu'il y a un problème : soit vous ne laissez pas vos instincts s'exprimer suffisamment, soit ils vous dominent et vous en êtes esclave.

La fidélité en question. On l'a dit, la caractéristique dominante du comportement du chien autorise une autre interprétation. Le chien est fidèle, attaché à son maître, n'obéit qu'à lui et n'hésitera pas à le sauver au péril de sa vie. Cette qualité permet de penser qu'un rêve de chien peut être en rapport avec un problème de fidélité (ou d'infidélité) dans le couple.

Le chien guide. Il n'y a pas qu'aux aveugles que le chien sert de guide. Dans l'Antiquité grecque comme égyptienne, il conduisait l'âme vers l'autre monde. On le dit alors « psychopompe ». Dans les rêves, il peut donc symboliser cette énergie qui nous guide, nous oriente vers les profondeurs de ce monde inconnu et obscur qu'est notre inconscient afin d'assurer notre transformation intérieure.

Blanc ou noir ? La couleur du chien de votre rêve n'est pas indifférente. En général, l'agressivité est liée au noir et la douceur au blanc. Mais il arrive que les deux couleurs soient présentes dans le même rêve pour nous rappeler que, même au niveau des instincts, les contraires doivent coexister et s'harmoniser. La dualité, l'avers et le revers, ce que les taoïstes appellent le *yin* et le *yang*, fait partie intégrante de toute expérience vitale.

Dans certaines traditions, en Inde ou pour les musulmans, le chien est considéré comme impur et abject. « Fils de chien » est une insulte dans les pays du Proche-Orient. Cependant, cet aspect n'apparaît que rarement dans l'interprétation d'un rêve de chien – seulement si le rêveur lui-même adoptait ce comportement d'aplatissement, de peur, d'abaissement devant les autres.

L'exemple du chien illustre l'importance des références culturelles du rêveur dans l'interprétation.

L'oiseau

Dans toutes les traditions, l'oiseau représente l'âme, c'est-à-dire ce principe vivant qui est en nous et qui s'apparente au divin. Il est donc le symbole de la spiritualité et, par conséquent, des qualités qui accompagnent l'état spirituel authentique : la sensation de légèreté, de libération, de liberté. Ainsi, Carl Gustav Jung disait : « L'oiseau est une image de la transcendance spirituelle. »

De nombreuses personnes semblent ignorer que leur âme a besoin de nourriture spirituelle tout comme leur corps a besoin de nourritures terrestres. Et que, faute d'être entretenue (par des lectures, la méditation ou la prière), elle finit par s'étioler, se durcir, perdre de sa beauté et de sa sensibilité. Les rêves d'oiseaux enfermés, moribonds, qui ne chantent plus, sont autant d'images pour indiquer au rêveur que son âme est en souffrance.

Un désir de liberté. On ne s'étonnera pas que les rêves d'oiseaux en vol soient fréquents chez les adolescents, surtout s'ils ressentent le milieu familial ou scolaire comme trop contraignant par rapport à leurs aspirations profondes, à leur désir d'indépendance. Ils voudraient bien voler de leurs propres ailes. Et quelquefois aussi, se détacher des réalités quotidiennes, les survoler pour mieux y échapper.

Le symbole de nos pensées. Chez les personnes confinées dans des tâches inintéressantes, que ce soit au bureau, à l'usine, au magasin ou à la maison, et qui ne peuvent développer leurs capacités créatrices, on retrouve souvent des rêves d'oiseaux virevoltants ou, au contraire, enfermés dans leur cage. Tous représentent les pensées et les idées qui tourmentent le rêveur qui se sent prisonnier. Dans certains cas extrêmes, ils symbolisent même une agitation mentale perturbante.

Le cheval

Le cheval est la plus noble conquête de l'homme, selon Buffon. Il est vrai que, domestiqué, il lui rend mille services, du labour à la guerre, du transport aux courses... Le cheval répond à un vaste symbolisme dans toutes les mythologies et traditions tant il est inséparable de son compagnon humain.
Dans les rêves, il apparaît plutôt à l'état sauvage, se cabrant et finissant par mordre le rêveur qui éprouve une grande frayeur, mais qui quelquefois parvient à calmer l'animal, à l'attirer vers lui et à le cajoler. L'interprétation du rêve devra tenir compte des deux comportements, celui de l'humain et celui de l'animal, car tous les deux représentent différents aspects psychologiques du rêveur.
Pour les adolescents, un cheval bien dressé indique un désir de maîtrise des pulsions naissantes.

Les instincts. D'une manière générale, le cheval représente notre sphère instinctive, c'est-à-dire la manière dont nous entretenons une relation avec nos pulsions. Il incarne la bête en nous, et aussi le psychisme inconscient… Un grand psychiatre, Alfred Adler, confirme ce point de vue : « Le cheval représente l'élan biologique, l'énergie naturelle ou, dans son sens le plus large, la sphère de l'inconscient instinctuel. Il est la masse d'énergie primitive qui exige une direction consciente, le cavalier ou le cocher, pour devenir productive au sens humain et spirituel[3]. »
Tout rêve de cheval parle de ces forces instinctives trop contrôlées, refoulées ou qui cherchent à s'exprimer. Et, bien entendu, la libido, l'énergie vitale et sexuelle, est concernée au premier chef, comme Freud l'a bien montré.

Cheval blanc, cheval noir. Traditionnellement, le noir engendre la peur tandis que le blanc rassure. Or le noir est simplement signe d'un conflit entre les instincts violents et la raison. Quant au cheval blanc, il représente souvent les forces que vous n'avez pas libérées. Son apparition vous suggère de vous ouvrir, de changer des comportements habituels qui bloquent votre évolution.

Le cheval se cabrant. Un cheval qui se cabre exprime l'émotivité mal contrôlée d'un rêveur qui piétine ses pulsions sexuelles, peut-être à cause d'une éducation ou d'une morale trop stricte.

Le rat

L'image du rat en rêve n'est jamais ressentie comme agréable. Elle est angoissante et le rêveur se demande si elle

3. A. Adler, *Connaissance de l'homme*, Petite Bibliothèque Payot, 1966.

annonce du positif pour lui. C'est d'ailleurs bien injuste pour cette pauvre bête. Dans notre inconscient collectif occidental, le rat est porteur de maladies, transmettant, entre autres, la peste. Il n'y a guère qu'en Chine ou en Inde qu'il symbolise la prospérité.

En réalité, nous devrions reconnaître que, dans de nombreux laboratoires, le rat sert à des expérimentations médicales qui, un jour ou l'autre, apporteront un mieux-être aux humains. Nous pourrions au moins lui en être reconnaissants, en attendant que ces expérimentations soient remplacées par d'autres méthodes.

On peut se remémorer facilement les images traditionnelles : le rat est un rongeur clandestin, vivant dans l'ombre, sortant la nuit, familier des égouts et des trous sordides, d'où l'expression « trou à rat ». Sa morsure est réputée dangereuse et on le considère comme nuisible pour les récoltes.

Le rongeur. Que signifie son apparition dans les rêves qui, dans ce cas, sont souvent récurrents ? Simplement que vous êtes rongé par un gros souci, une angoisse, un chagrin. Il est parfois difficile de mesurer l'ampleur de ce qui ronge : dans certains rêves de rat, le souci peut être une simple querelle de famille et, dans d'autres, une maladie terrible. Il ne faut pas prendre l'image du rat comme prémonitoire d'une épreuve, mais plutôt comme révélatrice d'une angoisse, plus ou moins profonde selon les personnes, chacun réagissant à sa manière.

Un problème sexuel ? On considère qu'une sexualité mal vécue, refoulée, obsédante, peut engendrer des rêves de rats. Surtout si dans le décor du rêve en question sont présentes les images du lit et de la chambre.

Un rêve de rat peut révéler un comportement habituel.

Observez votre attitude face à l'animal. La fuite traduit une tendance à ne pas affronter une situation délicate. Vous mord-il ? À quel endroit ? Si c'est la main, votre problème se situe dans le domaine de la création ou de la communication. Au pied, il est question de votre équilibre, de votre capacité à avancer... Chaque endroit du corps est symbolique[4].
N'oubliez pas d'examiner la fin du rêve : si vous avez le dessus, si vous vous en sortez, si le rat a peur de vous, c'est que vous êtes sur la voie de l'amélioration, que vous éprouvez le désir de ne pas vous laisser submerger par l'angoisse qui vous ronge.

Le serpent

Parce qu'il est l'une des expressions majeures de notre inconscient, le serpent fréquente volontiers nos rêves. Dans les temples d'incubation[5] de la Grèce, ceux notamment dédiés à Esculape (dieu de la médecine), celui qui désirait obtenir par le rêve une réponse à sa question se couchait sur des serpents... non venimeux, évidemment ! On ne saurait épuiser en quelques lignes la symbolique très riche et très dense de cet animal. Tenons-nous-en à quelques données principales qui correspondent aux rêves les plus fréquents.

Changer de peau. Parce qu'il mue et laisse sa vieille peau, le serpent évoque le changement : c'est le moment de faire peau neuve. De plus, emblème d'Esculape (deux serpents enlacés figurent le caducée des médecins), le serpent symbolise les forces de la santé, à préserver, à soigner, à guérir.

---

4. Reportez-vous au passage expliquant le symbolisme des différentes parties du corps p. 101 et suiv.
5. Incubation : dans l'Antiquité grecque (et aussi en Égypte), méthode pour entrer en relation avec les dieux par les rêves.

Un symbole phallique. Évidemment, la forme longiligne de l'animal évoque non seulement la sexualité mais plus généralement la libido, c'est-à-dire la puissance créatrice de l'énergie vitale. Tuer en rêve un serpent équivaut à refouler sa sexualité, à diminuer dangereusement la source de sa vitalité ou à nier ses capacités de création.

Danger ou tentation. Nombreux sont les rêves de serpents agressifs qui mordent ou sautent. J'ai remarqué que ces rêves peuvent être tenus pour des avertissements. Le rêveur doit faire attention à lui. Reste que pour notre civilisation judéo-chrétienne gardant en mémoire le récit de la tentation d'Ève au jardin d'Éden, le serpent symbolise le Tentateur, la connaissance dangereuse.

5. Les images de la mort

D'une manière générale, les rêves de mort sont positifs puisque, pour notre inconscient, mort égale renaissance. L'inconscient, en effet, ne perçoit pas la mort comme la fin de tout mais comme un renouvellement, une transformation, une métamorphose. Les images de mort en rêve doivent donc être tenues pour des signes – ou des nécessités – d'évolution. Rêver de sa propre mort, se voir dans son cercueil, indiquerait que le rêveur est en train d'évoluer.

La mort du vieil homme

Pour reprendre les termes de l'apôtre Paul, le « vieil homme » va faire place à l'« homme nouveau[6] ». Tout au long de l'existence, il y a plusieurs « morts », notamment au moment de l'adolescence et au milieu de la vie, deux étapes

6. Épître aux Colossiens, III, 10.

de transformation (Jung a d'ailleurs montré que les années entre trente-cinq et quarante-cinq ans pour les femmes, et cinquante et cinquante-cinq ans pour les hommes, sont essentielles dans l'évolution personnelle). Ces étapes correspondent à la mort d'un passé révolu. Une nouvelle phase de la vie commence : des activités d'autrefois n'intéressent plus, certains comportements n'ont plus de raison d'être, des sentiments se sont éteints. Nous avons tous, à un moment ou à un autre, l'impression d'avoir tourné la page.

Le cimetière

De même, les rêves de cimetière ne sont pas des rêves prémonitoires qui indiquent un décès prochain, car dans un rêve, le cimetière n'évoque pas la mort mais la renaissance. L'image n'est pas de mauvais augure puisqu'elle indique pour le rêveur des possibilités de régénération.

L'après-vie

Si l'on cherche la tombe d'un proche sans la trouver – scénario fréquent –, le rêve invite sans doute à réfléchir sur la nouvelle vie à laquelle le défunt est convié, nouvelle vie sur laquelle il est impossible de donner des précisions. Qui pourrait décrire avec certitude la vie dans l'au-delà ? Néanmoins, la croyance en une vie après la mort continue de nous interroger et l'hypothèse devient vraisemblable si l'on en croit les témoignages de ceux qui ont vécu une « expérience de mort imminente[7] ». Marie-Louise von Franz, qui a consacré sa vie à l'étude des rêves, avance : « L'inconscient, de toute évidence, "croit" à une vie après la mort[8]. »

---

7. EMI en français, NDE *(Near Death Experience)* en anglais.
8. M.-L. von Franz, *Les Rêves et la mort*, Fayard, 1985.

Selon l'un des meilleurs spécialistes des rêves, Raymond de Becker[9], le cimetière symbolise toujours un attachement au passé. Aussi est-il question de nos relations avec l'un de nos morts qui n'ont peut-être pas été terminées comme il le fallait...

Régression vers le passé

Le cimetière des rêves est toujours le symbole d'un désarroi intime qui fait régresser vers le passé et vers les morts afin d'y trouver de nouveaux enseignements pour la vie. Mais le risque est aussi de demeurer lié à ce qui ne reviendra plus. Souvenez-vous qu'il faut vivre avec le passé, pas « dans » le passé.

6. Le bébé

Le bébé symbolise le Soi, c'est-à-dire le centre de notre vie intérieure qui englobe le conscient et l'inconscient. Ce centre porte divers noms selon les traditions. C'est lui qu'évoque la phrase évangélique « Le royaume de Dieu est au-dedans de vous ». Il résume ce lieu en nous-mêmes qu'on désigne par l'âme, où l'Amour inconditionné a trouvé abri. Le maître hindou Sri Aurobindo le qualifie ainsi : « Le Soi est l'expression la plus complète de ces combinaisons de destins qu'on appelle un individu. »

Le Soi est souvent empêché d'évoluer par les agitations du petit « moi » égoïste, vaniteux, superficiel... Travailler à réduire l'emprise du « moi » pour faire naître le Soi est le but spirituel de la vie et de toute évolution personnelle.

La prise de conscience qu'il existe au-delà de notre « moi » un centre en nous-mêmes plus essentiel se manifeste par

9. R. de Becker, *Les Machinations de la nuit*, Planète, 1965.

certains rêves de bébé et d'accouchement. On peut d'ailleurs rêver d'être enceinte ou d'accoucher même si l'on en a dépassé l'âge. Ce type de rêve, extrêmement fréquent, se rencontre non seulement chez les jeunes femmes, celles qui sont réellement enceintes ou qui désireraient l'être, mais également chez les femmes après la ménopause et déjà bien avancées sur le chemin de la vie. C'est dire que le bébé du rêve n'annonce pas un bébé réel. Mais il peut également souligner une envie d'enfant non satisfaite. Quelquefois même, des hommes rêvent aussi qu'ils attendent un enfant.

L'accouchement

Les rêves d'accouchement sont positifs. Ils indiquent une naissance : non pas celle d'un enfant (car ce ne sont pas des rêves prémonitoires), mais de façon symbolique celle de la rêveuse elle-même. Quelque chose en elle, la part la plus profonde de sa personnalité, demande à venir au monde. Mais, bien entendu, l'état du bébé est révélateur des difficultés rencontrées.

Le bébé peut, par exemple, représenter un projet personnel. Une vieille histoire vient de se terminer et de nouvelles idées se mettent en place. C'est le moment de mettre vos projets à exécution !

Le bébé négligé

L'image la plus fréquente est celle d'un bébé malingre, oublié dans un placard, baignant dans ses excréments, mal nourri, mal vêtu, découvert dans un berceau sale... Les mamans qui font ce genre de rêves s'inquiètent : « Voudraient-ils m'indiquer que je suis une mauvaise mère ? » Non ! Cela n'a pas de rapport avec votre bébé, vos enfants ou votre comportement parental. Il s'agit ici de la manière dont vous traitez votre Soi, votre vie la plus profonde. Vous

avez tendance à le négliger. Vous devez effectuer un travail sur vous-même, comme on dit d'une femme en train d'accoucher qu'elle est « en travail ».
Une meilleure connaissance de soi, de ses composantes psychologiques, de l'idéal qui anime, des éléments plus négatifs (*a priori*, rancœurs, habitudes, etc.) et des éléments plus positifs (élans, générosité, etc.), est une première étape dans cette « œuvre » sur nous-mêmes. Cela ne se fait pas en un jour et toute une vie peut y être consacrée.

Un gros bébé joufflu

Rassurez-vous, les bébés des rêves ne sont pas tous malingres et mal nourris ! Heureusement, ils apparaissent aussi comme on les aime dans la vie, rieurs, à la peau douce, bien joufflus et en bonne santé. Ces bébés annoncent une bonne nouvelle : vous allez traverser une excellente période car une nouvelle étape de votre vie s'ouvre devant vous puisque vous allez mettre au monde des dimensions de vous-même qui restaient jusqu'à présent endormies, découvrir des possibilités neuves et devenir créateur.

Le couple en question

On ne doit jamais oublier, pour interpréter un rêve de bébé, que celui-ci est le fruit d'un couple. J'ai constaté que les femmes vivant une situation de couple difficile font fréquemment des rêves de bébé.
Très souvent, on voit en rêve un bébé (ou même un jeune enfant) se noyer. La noyade est la forme d'accident qui hante nos cauchemars de manière répétitive. Et quand ce n'est pas la noyade qui le menace, ce n'est guère mieux : chutes, brûlures, coulée de boue, écrasement, etc. Évidemment, de tels rêves génèrent une angoisse terrible : on craint qu'ils ne soient prémonitoires et que la vie d'un enfant ne

soit menacée. Mais ce ne sont ni le bébé ni l'enfant qui sont en danger, c'est votre couple qui ne se porte pas bien.
Lorsque le bébé meurt, cette mort symbolique indique une transformation prochaine dans le couple ou, en tout cas, une nécessaire transformation des rapports entre le rêveur et son conjoint (ou plus exactement une transformation de vous-même car c'est vous qui vivez mal à l'intérieur du couple que vous formez).

Animal ou bébé ?

Quelquefois, dans les rêves, le bébé se transforme en petit chat ou en petit chien. Il faut alors comprendre que le rêveur est animé par un désir très instinctif : son instinct demande à vivre, à ne plus être étouffé (parfois par une éducation trop stricte). J'ai rencontré de tels rêves chez des femmes qui souhaitaient fortement un enfant, mais aussi chez des hommes, surtout si, dans leur enfance, ils avaient subi une autorité maternelle trop puissante.
Il arrive aussi que le bébé se transforme en serpent. C'est alors la symbolique sexuelle du serpent qui permet de comprendre ces rêves-là : votre couple a de réelles difficultés dans la sexualité ; l'un des deux est peut-être sujet à une « tentation » d'infidélité.

7. Les transports

Ne sont abordés ici que la voiture et le train. Pour les autres moyens de transport, vous pouvez vous reporter à mon *Dictionnaire des rêves*.

La voiture

S'ils ne sont pas prémonitoires, les rêves d'accident de voiture sont néanmoins des signaux d'alarme en rapport avec la conduite de la vie. La voiture symbolise en effet la manière dont vous « conduisez » votre vie ou celle dont vous vous conduisez dans la vie. Autrefois, on appelait d'ailleurs la voiture une « conduite intérieure ». Toutes les difficultés que vous allez vivre en rêve avec votre voiture vont donc vous révéler vos comportements. À ce titre, ces rêves-là, fort désagréables parce qu'angoissants, sont précieux pour l'évolution de chacun de nous.

Les accidents. Examinez la manière dont se produit dans votre rêve l'accident de voiture et vous comprendrez mieux votre comportement dans la vie :
– heurtez-vous la voiture qui précède ? C'est que vous avez tendance à agir sans réfléchir. C'est un élément de votre passé, identifié ou non, qui régit votre comportement. De même si votre véhicule, que vous voudriez démarrer pour aller en avant, part en marche arrière ;
– vos pneus sont dégonflés ? Sans doute parce que les efforts que vous déployez vous « mettent à plat » ;
– vous perdez vos clés ? C'est que vous ne savez plus comment régler la situation et que vous avez perdu le contact avec votre énergie ;
– les freins ne répondent plus ? Vous menez probablement une vie effrénée, mal adaptée à vos besoins profonds, ou simplement trop stressante ;
– êtes-vous le chauffeur ou quelqu'un d'autre conduit-il à votre place ? Vous saurez par ce détail si vous tenez votre situation en main ou si vous vous laissez mener par une autre personne.

Dépendance ou autonomie ? Dans son étude *L'Ombre dans les rêves,* Dominique Charrière explique que les « désordres qui surviennent à l'occasion de la conduite automobile,

panne, dérapage, accrochage, accident, etc., soulignent les défaillances de l'équilibre psychique ou l'aspect illusoire de l'autonomie qui, en certains domaines, n'est pas réellement acquise : le bagage, tel qu'il est assumé, complique ou compromet le devenir. Il engendre des désordres structurels ou passagers : fatigue, irritabilité, inconséquence[10]... ». La voiture en rêve reflétant votre façon de conduire votre vie est un excellent indicateur de votre autonomie ou de votre degré de dépendance, de votre aptitude à vous affirmer, à diriger vos affaires, à assumer vos responsabilités (dans le travail, le couple, la famille).
Votre dépendance apparaît encore plus clairement si, dans le rêve, vous n'êtes pas assis à la place du chauffeur mais à l'arrière, comme dans la voiture des parents. Ou si vous vous laissez impressionner par les difficultés, les obstacles, symbolisés le plus souvent par un gros camion (un « poids lourd ») qui gêne la circulation ou barre la route.

Le train

Comme tous les véhicules, le train parle de la manière de conduire sa vie. Il est même à lui seul une image de la vie avec ses étapes, ses horizons divers, ses contretemps, ses rencontres, etc. Il symbolise donc votre vie ou, plus précisément, ce qui s'y passe actuellement. Une occasion de prendre un nouveau départ vous est offerte. Vous êtes invité à un changement. Quelquefois radical, parfois minime, ce changement peut être d'ordre professionnel, familial ou personnel.

---

10. D. Charrière, *L'Ombre dans les rêves*, Albin Michel, 1994, n° spécial de la revue *Question de*.

Êtes-vous en train? Les expressions populaires peuvent aider à construire les associations d'idées nécessaires à l'interprétation des rêves. Le « train-train » signifie le quotidien banal, routinier, sans élément excitant, néfaste pour l'évolution individuelle. Mais l'inverse, le « train d'enfer » de celui qui vit « à fond de train », n'est pas meilleur. Mener « grand train » non plus, semble-t-il. Aller « de bon train » vaut mieux qu'être « à la traîne ». « Être en train », c'est-à-dire en bonne forme, c'est ce que je vous souhaite!

Les bagages. Interrogez-vous sur les « bagages » qui encombrent votre vie : des défauts, des comportements nuisibles à votre évolution, des préjugés, des routines, etc. Les bagages symbolisent aussi tout ce que vous transportez (on pourrait même dire « trimballez ») : souvenirs désagréables, expériences douloureuses, enfance difficile ou conflits familiaux.

La bonne voie. Votre rêve de train vous montre si vous êtes ou non sur la bonne voie. Si vous ne parvenez jamais à trouver le bon quai, il y a fort à parier que vous avez dans votre vie choisi une direction qui ne vous convient pas. Le moment est donc venu de vous remettre en question. Si vous attendez le train, c'est que vous attendez une occasion de repartir sur de bons rails. Mais n'attendez pas indéfiniment : un jour, il faut bien se décider à passer à l'action. Parfois, les rêves de train signalent un problème dans votre couple : lorsque vous n'êtes pas « sur la même voie » ou si chacun « suit son rail », vous ne risquez pas de faire route ensemble!

Le train bondé. Quelquefois, l'une des raisons qui empêchent de monter dans le train, c'est qu'il est déjà complet. Un tel rêve vous indique que vous vous sentez mal à l'aise dans la vie sociale. Le train est en effet un moyen de transport collectif (et non individuel, comme la voiture). Vous éprouvez des difficultés à trouver votre place, vous vous sentez en quelque sorte toujours « de trop ».

Le train en marche. Par bonheur, il arrive tout de même que le rêve vous permette de monter dans le train. C'est bon signe : vous êtes dans une période d'évolution, votre vie va dans le sens d'une progression. Tout ce que vous avez « en train », vos projets, vos entreprises, vos désirs, sont en mouvement et ne vont pas stagner. C'est donc une bonne période pour faire des projets et les concrétiser.
À l'inverse, si vous descendez du train, cela signifie que vous manquez de confiance en vous, que vous pensez être incapable de mener à bien vos actions. Ce sentiment d'infériorité revient-il chaque fois que vous avez une décision à prendre ?

La gare. Si votre rêve insiste sur l'image de la gare, c'est que ce lieu représente une protection. En effet, « se garer », c'est trouver un abri. On peut comprendre ce rêve positivement : vous êtes à l'abri et aucun tourment ne pourra vous atteindre. Ou négativement : la présence de la gare signifie alors que vous êtes timoré, que vous craignez l'extérieur et que vous cherchez refuge dans vos habitudes pour éviter tout changement.

Le contrôleur. Quant au contrôleur, il symbolise en rêve une autorité qui vous surveille et que vous percevez comme inhibitrice. Vous avez peur d'être mal jugé ou vous vous sentez pris en faute. Autant de comportements psychologiques dont il est préférable de prendre conscience.
La classe dans laquelle vous voyagez est un détail qui pourra

vous donner une indication supplémentaire. Si vous avez pris place en première avec un billet de seconde, vous avez peur de ne pas être à la hauteur. Encore le signe d'un sentiment d'infériorité !

8. Le vol et la chute

Le vol

L'homme a toujours éprouvé le désir de voler. Dans l'Antiquité, ce désir était exprimé par l'histoire mythique de Dédale et d'Icare. Dédale était un architecte génial. Enfermé par Minos, le roi de Crète, dans le labyrinthe dont il avait lui-même établi les plans, Dédale n'avait qu'un seul moyen de s'échapper : la voie des airs. Il fabriqua donc pour lui et son fils Icare des ailes en plumes maintenues par de la cire. Il recommanda au jeune homme de ne pas s'approcher des flots ni du soleil et de garder une hauteur moyenne raisonnable. Mais celui-ci, grisé par l'ivresse du vol, ne tint pas compte des conseils de son père et vola vers le soleil. La cire se mit à fondre et il arriva ce qu'on sait : la chute d'Icare fut mortelle, tandis que Dédale, lui, parvint à bon port jusqu'en Sicile.
Cette histoire, comme tous les mythes, est destinée à nous enseigner plusieurs choses sur la vie : que le désir de liberté est inné chez l'homme, que rien n'arrête celui qui lutte pour sa liberté, que les excès sont dangereux, que les conseils ont parfois du bon… et sans doute encore bien d'autres choses, tant les mythes sont inépuisables. Chacun peut y trouver matière à méditer ! En rêve, voler peut prendre différentes significations.

Un désir de libération. Vous souffrez d'une situation pesante. La nuit, vous vous en échappez et vous vous sentez enfin libéré.

Un comportement de fuite. Pour éviter les situations qui vous gênent, les conflits et les tensions, vous vous enfuyez. Ce refus d'affronter les problèmes ne reflète pas un comportement positif (mais il faut bien avouer que certains problèmes sont extrêmement lourds à porter).

Une tendance à voir les choses de haut. Invitation à prendre de la distance, à considérer votre situation avec du recul.

Un désir d'élévation spirituelle. Carl Gustav Jung considérait les rêves de vol comme une aspiration vers la transcendance. L'admirable livre *Jonathan Livingstone, le goéland* illustre cette interprétation[11]. Le goéland essaie ici d'atteindre la perfection pour s'approcher le plus possible de Dieu.

Un vilain défaut. Les rêves de vol peuvent également refléter vos défauts. « Ceux qui manquent de réalisme ou qui ont une trop bonne opinion d'eux-mêmes, ou qui font des projets grandioses sans rapport avec leurs capacités réelles, rêvent qu'ils volent et qu'ils tombent[12]. »
Par ailleurs, les rêves de vol indiquent parfois votre mépris pour les autres : vous vous sentez supérieur, au-dessus des autres que vous considérez comme inférieurs.

Une ambition. Vous voulez vous élever socialement, grimper plus haut dans la hiérarchie. En soi, ce n'est pas un mal, tant que les moyens utilisés pour ce faire n'écrasent personne.

---

11. R. Bach, *Jonathan Livingstone le goéland*, J'ai Lu, 2003.
12. C.G. Jung, *L'Homme et ses symboles*, Robert Laffont, 2002.

L'envol impossible. Quelquefois, on voudrait bien prendre son envol mais cela s'avère impossible, les jambes refusent d'obéir. Autant le vol est une sensation agréable, autant l'empêchement est douloureux. Disons tout d'abord que ce rêve ne semble pas en rapport avec une mauvaise santé des jambes (bien que cette explication ne soit pas *a priori* à écarter, mais les recherches sur les liens entre les rêves et l'état de santé manquent). Il indique plutôt que le rêveur se sent englué dans une situation dont il ne parvient pas à se dégager. Il souhaite de toutes ses forces s'en sortir, il ne ménage pas ses efforts mais la situation reste bloquée.
Quant au vol en rase-mottes, il signifie exactement ce que les mots veulent dire : le rêveur est trop terre à terre, incapable de prendre de la hauteur.

La chute

Cette désagréable sensation entraîne généralement le réveil du rêveur. On ne se voit pas s'écraser mais quelle peur ! Les rêves de chute vertigineuse sont très fréquents et on peut en préciser deux sources, l'une physiologique et l'autre psychologique.

Ceux qui se produisent juste avant l'endormissement. Ils résultent tout simplement de la physiologie : au moment de s'endormir, les muscles se relâchent, la tension diminue, la respiration et les battements cardiaques ralentissent. Freud rejetait cette explication, mais de nombreux chercheurs admettent que ces modifications des rythmes du corps peuvent engendrer la sensation de « tomber » dans le sommeil, comme le dit l'expression populaire. Les rêveurs souffrant d'un état dépressif feront plus volontiers ce type de rêves que les autres ; certains rêves sont liés à l'angoisse nocturne, celle qu'éprouvent les enfants au moment d'aller au lit et quelquefois les personnes âgées solitaires. Certains pensent que ces rêves seraient causés par des troubles de l'oreille interne. Ces troubles pourraient expliquer la récurrence des rêves de chute.

Ceux qui symbolisent des sentiments ou des comportements divers. On peut aussi interpréter les rêves de chute du point de vue de la psychologie. Ils peuvent alors évoquer :

– l'insécurité. Les rêves de chute peuvent se produire lorsque le rêveur se sent plongé dans l'insécurité. Chez les enfants, comme le souligne la spécialiste Patricia Garfield[13], tout changement dans la famille, la maison, l'école, fait vaciller le sentiment de sécurité. Les adultes ont aussi diverses raisons de se sentir vulnérables : la peur d'échouer professionnellement ou celle d'être déçu. Ne dit-on pas fréquemment « Je tombe de haut » quand on a formé des projets irréalistes ou qu'on s'est fait des illusions ? Certaines expériences de vie peuvent donner la sensation d'être tombé dans un vide ou dans une trappe ;

– une défaillance. On peut aussi « tomber » à ses propres yeux, se livrer à des actions dont on peut avoir honte par la suite : c'est l'idée de la chute morale, de la faute, du péché. Chacun de nous n'est jamais aussi pur, aussi honnête, aussi parfait qu'il en a l'air : la tentation de mal se comporter n'épargne personne. On a souvent une trop bonne opinion de soi-même. Le rêve permet alors de progresser sur la voie de l'évolution personnelle en nous aidant à prendre conscience de certains de nos comportements.

13. Psychologue clinicienne mondialement connue pour ses travaux sur les rêves, Patricia Garfield a publié notamment *Comprendre les rêves de vos enfants*, Albin Michel, 1987.

9. La nourriture

Dans vos rêves, vous êtes dévoré par la faim ou la soif ? Vous engloutissez des tonnes de gâteaux ? Vous êtes invité à un festin ? Bref, tout ce qui a un rapport avec la table, le repas ou la nourriture, fait partie de vos images nocturnes ? En règle générale, c'est la souffrance d'être mal aimé, le malaise d'être mal compris, ou l'amertume d'être rejeté qui déclenchent immanquablement un transfert sur la nourriture. Il est évident que l'interprétation des rêves de nourriture sera fonction de ce que l'on mange. Rêver que l'on déguste un fruit juteux n'aura pas le même sens que rêver que l'on dévore un morceau de viande sanguinolent ! Les fruits délicieux, sucrés, symbolisent souvent un état de bonheur : les paradis (par exemple le jardin des Hespérides dans l'Antiquité grecque) sont remplis de fruits excellents que l'homme saint, heureux, peut enfin goûter. Au contraire, toute nourriture avariée, repoussante, tout rêve de vomissement, indiquent un rejet, un refus, un besoin d'éliminer quelque chose qui vous pèse.

La faim

« Avoir faim » indique le besoin de satisfaire une aspiration fondamentale, un désir ardent, voire une avidité. Or, quel est notre désir à tous le plus profond ? Bien entendu, celui d'être aimé. Nous avons tous besoin de tendresse, autant à donner qu'à recevoir. Car chacun sait que le secret du bonheur est là. Aussi, les rêves où le rêveur se sent affamé ou assoiffé traduisent-ils, le plus souvent, un manque d'amour ou l'impression de manquer d'amour. La souffrance d'être mal aimé peut provenir aussi bien d'une situation actuelle que d'une situation remontant à l'enfance.

La soif

Quant à la soif, elle est éprouvée généralement pour l'eau, source de vie. Chacun sait que si l'on peut se passer de nourriture solide pendant plusieurs semaines, nul ne peut se dispenser de boire pendant plusieurs jours. L'eau est un élément vital pour notre constitution physique. Mais, dans les rêves, la soif indique que le rêveur aspire à intégrer, à ingérer un élément vital pour sa vie intérieure, comme, dans la plupart des cas, l'amour.

Le repas manqué

L'un des aspects symboliques du repas à retenir, c'est la convivialité. Le repas pris en commun, le banquet, est un thème que l'on retrouve dans de nombreuses traditions spirituelles, aussi bien dans l'Antiquité grecque (*Le Banquet* est le titre d'un célèbre texte de Platon) que dans les cultes égyptiens ou chrétiens (la Cène est le repas où le Christ institua le partage du pain et du vin comme rite essentiel de la religion). L'idée est toujours la même : les initiés, les fidèles, les invités forment une grande famille et peuvent devenir des frères, des compagnons puisqu'ils « communient » aux mêmes nourritures.

Celui qui se sent exclu de ce repas commun souffre donc du sentiment d'être mis à l'écart. Manger ensemble, c'est créer des liens. Rappelons-nous que le mot « compagnon » a pour origine *cum panis*, « celui qui partage le pain avec ». Dans les rêves, la souffrance de ne pas participer à la convivialité sociale, le chagrin de ne pas avoir de compagnon, le sentiment pénible de rester à part, tout cela est illustré par des images de repas manqué. On ne s'étonnera pas que les difficultés professionnelles et le chômage puissent induire de telles images nocturnes.

Comment mangez-vous ?

Dans le rêve, selon les cas, la nourriture « passe » bien et la déglutition se fait facilement ou, au contraire, elle ne « passe » pas et reste coincée au niveau de la gorge. Dans le premier cas, cela signifie que vous assimilez sans problème une nouvelle donnée dans votre existence, que vous acceptez bien votre vie actuelle, que vous êtes équilibré, que votre vie sociale vous donne satisfaction. Dans le second cas, le rêve vous montre que quelque chose vous « reste sur l'estomac ». Ce peut être une rancune, un chagrin, une incapacité à « digérer » une blessure affective. Les rêves de vomissement, par exemple, indiquent un très fort besoin de rejeter un élément de votre vie (qui peut être psychologique) que vous ne pouvez pas, du moins pour un temps, assimiler ; ou encore que vous vous révoltez intérieurement contre une morale trop rigide, une éducation sévère non épanouissante, ou d'autres contraintes.

10. L'argent

Les rêves d'argent, de monnaie, de billets, de bijoux ou d'or symbolisent le plus souvent votre richesse intérieure : nous sommes plus riches que nous le croyons, peut-être pas sur notre compte en banque, mais grâce à nos possibilités. Notre plus grand trésor est sans doute de pouvoir aimer. Si le rêve insiste sur des images d'or ou d'argent, de richesse intérieure donc, c'est que certains d'entre nous ont tendance à se dévaloriser. Quand on a été rabaissé dans l'enfance, ou qu'on a subi de nombreux échecs, on se croit bon à rien, on doute de soi. Rêver de trésor, de pièces d'or, de billets de banque, de bijoux, invite à reprendre conscience de sa richesse personnelle et confiance en soi. En ce sens, ce rêve est très positif et réconfortant.

De tels rêves vous parlent de votre valeur en tant que personne, de votre capacité à tirer profit de vos talents, de toutes les possibilités qui sont en vous et que vous laissez peut-être dormir.

Que faites-vous de l'argent ?

Souvent, on rêve que l'on trouve de l'argent, des lingots ou des billets de banque en liasses. Observez donc ce qui est fait de cet argent. Certains le cachent et l'enfouissent, d'autres le dépensent entièrement ou encore éprouvent la peur d'être surpris avec cette fortune. Toutes ces attitudes indiquent un comportement, le vôtre, face à votre propre richesse intérieure. Vous avez sûrement des talents mais vous les ignorez, vous les cachez ou ne les utilisez pas. Des personnes complexées, qui doutent de leur propre valeur, font souvent de tels rêves.

L'excès nuit

Dans la « clef des songes » traditionnelle[14], établie par Artémidore d'Éphèse au IIe siècle après J.-C., trouver une grande quantité d'argent n'est pas un bon signe. Pourquoi ? Parce que le sage Artémidore estimait que l'excès conduit au déséquilibre, comme le manque conduit à la souffrance. Il convient donc de trouver un juste milieu entre trop et trop peu d'argent et de raison garder en matière d'argent comme en d'autres.

L'argent symbolise aussi, avec une connotation négative, l'attachement voire l'avarice, la tentation, l'avidité voire la cupidité, avec le cortège de malheurs que ces défauts entraînent. Et si la sagesse consistait à se contenter de ce que l'on a, pourvu que le minimum vital soit correctement assuré ?

---

14. Artémidore d'Éphèse, *La Clef des songes*, trad. de A.J. Festugière, Librairie philosophique Vrin, 1975.

Les bijoux

Quand l'image de bijoux apparaît dans un rêve, on l'a dit, il est question de richesse intérieure. Mais pour bien interpréter un tel rêve, il faut tenir compte des détails : de quel bijou s'agit-t-il, d'un collier, d'un bracelet ou d'une bague ?

Le collier. Le collier n'est pas toujours signe de richesse. Si, dans tous les cultes, il est l'apanage des initiés, des grands prêtres, des puissants, de ceux qui ont le pouvoir ou la connaissance, il était autrefois signe d'esclavage, d'appartenance à un maître. Il sert à maintenir celui qui le porte dans une position de soumission. Ainsi, un rêve où le collier est l'image dominante peut signifier au rêveur qu'il est généralement trop passif, soumis, dépendant, voire esclave de quelqu'un.

Désir de séduction. Les rêves de bijoux peuvent aussi indiquer une tendance à vouloir séduire à tout prix. Qui dit séduction pense souvent érotisme... et certains interprètes de rêves n'hésitent pas à rappeler que l'expression « les bijoux de famille » autorise à penser à un désir sexuel, sûrement mal satisfait. Personnellement, je crois que le besoin de séduire traduit un manque de confiance en soi et les rêves de bijoux que j'ai eu à interpréter traduisaient souvent ce manque qui peut aller jusqu'à la vanité, au désir de paraître plus que ce que l'on vaut.

La bague. La bague dans les rêves est le symbole d'un lien avec une autre personne, de l'engagement que vous avez pris envers quelqu'un. Souvent il est question d'une histoire d'amour (pensons à l'alliance qui exprime l'amour entre les mariés). Lorsque, en rêve, vous perdez une partie de votre bague ou si elle est en mauvais état, c'est que la relation avec votre partenaire se détériore. Un rêve de ce type peut

annoncer une rupture ou des problèmes graves dans votre couple.
Si le bijou de votre rêve est une alliance, réfléchissez à la fragilité des liens affectifs, conjugaux surtout, mais également familiaux.

L'or

L'or symbolise notre réalisation intérieure, notre Soi, cette « Fleur d'or », c'est-à-dire la part la plus profonde et la plus vraie de nous-mêmes. Mais il est difficile de conquérir ce trésor-là ! Aux XIVe et XVe siècles, l'alchimie était la science de la recherche de l'or. Cependant, les alchimistes avaient compris qu'il ne s'agissait pas seulement de transformer un métal vil (le plomb) en métal royal (l'or). Il s'agissait également d'acquérir la sagesse et, de purification en purification de soi, de métamorphoser les « composants » de notre personnalité et de notre vie.

La cupidité

Certains rêves font apparaître des images d'or (une « poule aux œufs d'or » par exemple) pour souligner la tendance du rêveur à s'attacher à la dimension de l'*avoir* plutôt qu'à celle de l'*être*. La cupidité, qui ne date pas d'aujourd'hui, était illustrée chez les anciens Grecs par l'histoire du roi Midas : sans réfléchir, il demanda à Dionysos de pouvoir transformer en or tout ce qu'il toucherait. Évidemment, ses aliments furent changés en or et le pauvre roi, affamé et assoiffé, supplia le dieu de le délivrer de son don. Dionysos lui ordonna alors de se tremper dans les eaux du fleuve Pactole. Depuis, on dit que l'on trouve de l'or dans ce fleuve. Le mythe nous apprend encore qu'il ne faut pas se méprendre sur l'essentiel. Là où est notre cœur, là est notre trésor !

Les dix thèmes dominants dans les rêves

Il s'agit ici d'apprendre à identifier les thèmes qui se cachent derrière les images. Ils sont révélateurs des sentiments et des comportements du rêveur.

1. Valorisation et dévalorisation

Le thème de la valorisation ou de la dévalorisation revient fréquemment. Dans ce dernier cas, les rêves soulignent un fort besoin du rêveur d'être mis en valeur et reconnu par les autres. Il se sent mal jugé et a l'impression que ses compétences ne sont pas valorisées. L'être humain est un « animal social », il existe par le regard des autres. Il est important qu'autrui remarque ses capacités et les considère à leur juste mesure. Si cela n'est pas le cas, il se sent complexé.
On rencontre souvent les rêves de valorisation chez les personnes qui ont été rabaissées dans leur enfance par leurs parents (« Tu es nul ! Tu n'arriveras jamais à rien ! ») ou à l'âge adulte dans leur vie socioprofessionnelle.
Pour compenser ce manque de reconnaissance, le rêve produit des situations dans lesquelles le rêveur est particulièrement admiré, complimenté et mis en valeur : il est en scène devant un public admiratif (en tant qu'acteur, chanteur, musicien, star, vedette, etc.), il rencontre des célébrités qui s'occupent particulièrement de lui (par exemple, un acteur connu l'invite à dîner).
À l'inverse, il arrive que le rêve montre des situations dans

lesquelles le rêveur est manifestement dévalorisé : il ne trouve pas sa place à table, il n'a pas de chaise, il se trouve dans une situation inadaptée (il porte des bottes dans une soirée mondaine ou des pulls troués dans une soirée à l'Opéra).

Exemples

> *Le ténor*
> *« Je viens de tenir brillamment le rôle principal d'un opéra. Les spectateurs manifestent leur enthousiasme en m'applaudissant à tout rompre et je reviens saluer de nombreuses fois. Je suis vêtu d'une magnifique robe ancienne car mon rôle était celui du jeune prince héritier du royaume. »*

Ce rêve montre bien que le rêveur ressent un fort besoin de se mettre en scène et d'avoir des regards d'autrui admiratifs : il est brillant, royal, applaudi, magnifique… Le rêve, par un mécanisme de compensation, lui donne alors le message de réfléchir au sentiment d'infériorité qu'il éprouve, de développer davantage ses capacités et ses talents.

> *Le président de la République*
> *« Je dois servir un repas à un homme et je m'aperçois qu'il s'agit du président de la République. Il me demande le livre* Autant en emporte le vent. *Je ne trouve pas ce livre, même dans mon grenier, parce qu'il est sur ma table de chevet. »*

Cette rêveuse a été soumise à une autorité, probablement paternelle (mais peut-être aussi maternelle) qui l'a empêchée de vivre une grande histoire d'amour (comme il en est question dans le roman *Autant en emporte le vent*). Le détail de la table de chevet qui, traditionnellement, se trouve près du lit dans la chambre, montre que cet amour n'a pas pu se concrétiser dans une passion charnelle ou sexuelle. Cet échec a contribué à son sentiment d'être « sans valeur ».

> *Invité à un festin*
> *« Je rêve que je suis dans ma salle à manger. Toute la famille est réunie et se fait servir. Mais moi, je n'ai pas le temps de m'asseoir et la fin du repas arrive sans que j'aie pu ni manger ni boire. »*

Le décor de la salle à manger indique que cette rêveuse se trouve mal à l'aise dans sa propre famille. Elle ne trouve pas de quoi « nourrir » sa vie personnelle. La vie familiale et ses activités quotidiennes ne suffisent pas à combler sa faim intellectuelle, spirituelle ou artistique.

> *Le peignoir*
> *« Je suis dans la rue avec ma femme. Tout le monde est en tenue de ville, moi en peignoir. Nous voulons acheter du pain. Ma femme se dirige vers une poissonnerie et, sous le regard ébahi des clients, la vendeuse sort plusieurs petits pains. »*

Dans ce rêve, non seulement les vêtements sont inadaptés mais aussi la boutique ! Le rêveur ressent une faim intérieure, vraisemblablement sexuelle (les petits pains peuvent être interprétés en rêve comme une allusion aux seins[1]), inassouvie. Le peignoir, qui ne se porte que dans l'intimité et sert à cacher la nudité, souligne cette idée.

---

1. Tchalaï, *Le Sexe des rêves*, Éd. du Prieuré, 1997.

L'image dominante de ce rêve, le vêtement inadapté, montre combien le rêveur souffre d'un décalage et d'un conflit entre la personne profonde qui constitue son être véritable et le personnage qu'il est obligé (ou qu'il se croit obligé) de montrer aux autres.

2. L'énergie vitale (la libido)

De nombreux rêves illustrent l'état de votre énergie vitale et de votre libido. D'ailleurs, la libido ne se limite pas à l'énergie sexuelle, comme on le croit souvent : elle est l'énergie de la vie qui circule en nous. Cette énergie est le moteur qui nous maintient en vie, qui nous donne envie de vivre et de nous lever le matin.
Tous les rêves dans lesquels cette circulation est empêchée montre que l'énergie vitale n'est pas excellente.
La grande image de l'énergie vitale est le serpent. La *kundalini*, l'énergie vitale chez les hindous, est symbolisée par le serpent dressé.
Quelquefois, dans les rêves, on voit que l'énergie vitale est fragilisée, notamment dans les rêves de perte de cheveux, de dents ou de sang. Les images de feu, symbolisant la passion, peuvent également avoir un rapport avec l'énergie vitale. Quand la libido est en souffrance, on trouve des images d'hôpital, de maladie, etc.

Exemples

> *La perte de dents*
> *« Je perds mes dents : j'ouvre la bouche, je touche une de mes dents et elle tombe dans ma main. »*

Le rêve montre une fragilité et doit être compris comme un petit avertissement : la rêveuse est sans doute sujette à une grande inquiétude qui génère un manque de forces vitales. Il faut qu'elle se reprenne sur le plan physique (en restaurant sa bonne énergie) et sur le plan moral (en cultivant des pensées plus positives).

> *Le cheval blanc*
> *« J'étais dans une propriété où tout était recouvert de neige. Une femme se dirigeait vers moi ; à son côté, un étalon blanc superbe. Subitement, une baguette pointue se plante dans le poitrail du cheval, laissant couler un sang rouge vif. »*

La femme est ici une image symbolique de la rêveuse elle-même, capable de sagesse et de sérénité. Mais en même temps, elle souffre d'une solitude affective, évoquée par l'image de la neige. Le cheval symbolise sa puissance vitale élémentaire ainsi que son instinct maternel qui, tous deux, dans la réalité, ont été fort blessés il y a peu de temps. Une douleur, semblable à la baguette pointue, telle une flèche, a transpercé en effet son cœur lorsque son fils a quitté cette vie pour l'au-delà. Mais on pressent, par l'image du beau cheval qui reste en vie malgré sa blessure, que cette femme est sur la voie d'une évolution spirituelle.

> *Le coquillage*
> *« Près des rochers de la plage, je vois un homme qui écrase des moules à l'aide d'un marteau. Je lui hurle : "Pourquoi faites-vous cela ?" Il ne répond rien. Le résultat : aucune moule n'est plus comestible et seules les mouettes s'en approchent. »*

La moule est le coquillage qui évoque le mieux le sexe féminin. L'image est donc en relation avec la sexualité de la rêveuse, et plus particulièrement avec une expérience sexuelle brutale et traumatisante qu'elle a dû vivre et qui a ruiné pour longtemps son énergie vitale. On note aussi son incapacité à communiquer à propos de cette souffrance.

3. Créativité et richesse intérieure

Vous êtes souvent beaucoup plus riche de capacités, de talents, de réserves, de puissance et de créativité que vous ne le pensez. La plupart du temps, les rêves vous signalent qu'il faut développer davantage votre personnalité profonde et vos richesses intérieures.

Pour vous encourager à évoluer, des images symbolisant ces richesses apparaissent dans vos rêves : l'argent (en billet ou en monnaie), des bijoux, un trésor, une banque, etc. D'autres images vous invitent à développer vos capacités créatrices : la main (qui sert à créer), ou même des abeilles (ces insectes très laborieux et créatifs qui fabriquent ce nectar sublime qu'est le miel).

Ce type de rêve est très positif parce qu'il vous incite à prendre conscience de vos capacités et de vos talents et à progresser dans votre évolution personnelle.

Exemples

> *Les abeilles*
> *« Je suis envahi par des abeilles, particulièrement sur la tête et les mains. Mais bizarrement, je n'ai pas peur, car elles semblent douces et gentilles. »*

La particularité des abeilles, c'est qu'elles sont organisées, travailleuses, disciplinées et infatigables. Lorsqu'elles apparaissent dans les rêves, elles annoncent souvent une période très créatrice chez le rêveur. Ici, les images secondaires indiquent dans quel domaine il doit mobiliser ses capacités et développer ses qualités : le rêve l'encourage à faire travailler sa tête et ses mains, c'est-à-dire la partie « raisonnement » de sa personnalité et la manière dont il entre en contact avec les autres.

> *La main sectionnée*
> *« Je suis dans mon lit en train de lire un journal quand je m'aperçois que ma main gauche est coupée. Ça ne me gêne pas vraiment et je continue ma lecture. »*

Le décor du rêve, le lit, nous indique d'emblée que les capacités à développer par le rêveur se trouvent dans le domaine conjugal ou sexuel. C'est la main gauche qui est sectionnée. Or, symboliquement, la gauche englobe la sphère des sentiments et des émotions[2]. L'activité pratiquée étant de nature intellectuelle (la lecture) et semblant si importante que rien ne peut l'interrompre, on peut penser que le rêveur a des difficultés pour exprimer ses émotions. Le rêve l'avertit qu'il ne doit pas se servir uniquement de ses capacités intellectuelles, mais aussi faire usage du côté affectif de sa personnalité.

> *Les bijoux*
> *« Je trouve en creusant un souterrain un passage qui mène chez un joaillier et je choisis des bijoux en telle quantité que je peux mettre plusieurs bagues sur chaque doigt Il y a aussi des boucles en or, des colliers en pierreries. Je n'ai jamais porté autant de bijoux précieux... et le vendeur me dit qu'ils me vont très bien. »*

---

2. En effet, le côté gauche du corps dépend de l'hémisphère droit du cerveau, l'hémisphère de l'expression artistique et de l'intuition (voir *Cerveau droit, cerveau gauche* du Pr Lucien Israël, Plon, 1995).

Ce n'est pas au niveau de son apparence physique ni de ses relations avec autrui que la rêveuse éprouve des difficultés, mais au niveau de ses capacités à exprimer ses dons créateurs. Si elle se donnait la peine de creuser un peu, c'est-à-dire de chercher en elle-même l'énergie pour devenir créative (sans attendre que tout lui tombe du ciel), elle trouverait un trésor. Mais en tant que femme, elle a tendance à se reposer sur ses capacités de séduction. Le rêve lui conseille de ne pas se contenter de cet aspect un peu superficiel et de creuser au fond d'elle-même (image du souterrain) pour trouver sa propre richesse intérieure.

4. Soumission et manque de liberté

Tous les rêves montrant des images de collier, d'anneau, de ceinture (des objets entravant la liberté), de structure dans laquelle on est enfermé (comme une piscine, un aquarium, une cage, une prison, etc.), et tous ceux dans lesquels le rêveur est incapable de s'exprimer parce qu'il a la langue bloquée, une sensation d'étouffement ou des difficultés à avaler, reflètent une soumission du rêveur (à une autre personne ou à une situation) avec une incapacité d'en parler. Le conseil du rêve est donc de s'exprimer et de se libérer. Les rêves d'oiseau (symbole de liberté) marquent particulièrement un désir de prendre son envol, sa liberté, son indépendance. Il n'est donc pas surprenant qu'ils soient fréquents chez les adolescents.

Exemples

> *La ceinture*
> *« Je monte dans une voiture. Le chauffeur refuse que je conduise et me conseille vivement de boucler ma ceinture de sécurité. Je suis mécontente, mais je me résigne à rester sagement assise. »*

La voiture évoquant la conduite de la vie, le rêve montre que la rêveuse ne dispose pas d'une grande liberté. La ceinture reflète sa sensation d'être emprisonnée. Elle est une femme soumise, mais commence néanmoins à souffrir de cette situation. Elle aspire à devenir elle-même.

> *La remorque*
> *« Je me trouve au volant d'un gros camion qui tire une remorque. Je traverse un précipice en passant sur un pont construit en planches de contreplaqué. »*

Comme tous les rêves de véhicules, celui-ci évoque la manière dont le rêveur conduit sa vie : il est beaucoup trop « à la remorque » d'autrui. On peut penser qu'il est habitué à être dirigé, par son père, sa mère, son épouse, et qu'il est aujourd'hui désorienté de devoir prendre les choses en main. Et il sent la fragilité de sa situation (le précipice, le pont fragile).

> *Le verre avalé*
> *« Ma sœur me conduisait à l'hôpital car j'avais avalé du verre blanc. Je refusais parce que je ne ressentais aucune souffrance. Mais elle me forçait à y aller. Finalement, je me disais qu'elle devait avoir raison car cela risquait d'endommager mon cerveau. Le médecin a donc retiré de mon corps d'énormes morceaux de verre. »*

Dans ce rêve, la sœur joue un rôle autoritaire. Il est possible qu'elle symbolise l'autorité de la famille en général. Elle peut également représenter un aspect de la personnalité de la rêveuse dont elle n'a pas encore pris conscience (son incapacité à prendre des décisions énergiques par exemple).

Il est intéressant de noter qu'elle a peur pour son cerveau (ce qui n'est pas réaliste car le verre cassé risque plutôt d'endommager l'estomac). C'est donc pour ses capacités intellectuelles qu'elle éprouve une grande crainte. Elle se demande si elle est capable de…, si elle est assez intelligente pour… Elle est donc soumise à un doute d'elle-même qui entraîne forcément une souffrance. Mais elle est incapable de l'exprimer et de parler de son problème, ce qui est symbolisé par le fait que sa gorge se trouve encombrée par des morceaux de verre.

> *La langue*
> *« J'ai sur la langue une glaire très épaisse que j'essaie d'enlever avec la main. Je tire sur cette glaire sans parvenir à la retirer. »*

La glaire souligne combien la rêveuse est engluée dans sa situation difficile. Elle commence à l'étouffer, car la gorge est envahie. Ce qui est positif, c'est qu'elle essaie d'enlever la glaire, de réagir face à sa situation et de la changer.

5. La solitude

Certaines images évoquent manifestement un manque de chaleur affective ou de contact et une souffrance due à la solitude. Ce sont toutes les images en rapport avec le froid, la glace ou le feu (la cheminée, les cendres) éteint.
Quant aux rêves de faim et de soif, ils montrent qu'on éprouve le besoin de combler une faim intérieure qui peut être de nature spirituelle, intellectuelle ou affective. Ils indiquent un manque de contact, de chaleur humaine, voire de relation sexuelle.

Exemples

> *Le radiateur éteint*
> *« Je suis dans une chambre d'hôtel, mais bizarrement, il n'y a pas de lit. J'ai froid et j'essaie de brancher le radiateur, mais l'électricité ne fonctionne pas. »*

La chambre d'hôtel indique que la rêveuse traverse passagèrement (car dans un hôtel, on ne reste pas, on ne fait que passer) une période de solitude, et notamment sur le plan sexuel (puisqu'il n'y a pas de lit). Cette solitude est symbolisée par le froid et le radiateur éteint. L'aspect positif du rêve est que cette femme ne reste pas inactive : au contraire, elle cherche à réveiller son fonctionnement, à se brancher sur une source d'énergie. Pour l'instant, elle est « en panne », c'est-à-dire qu'elle n'a pas encore trouvé ce qui va alimenter correctement son énergie vitale.

> *L'attente*
> *« Une campagne plate, sans constructions, m'environne. Des gens solitaires, à pied ou en cycle, apparaissent au loin. J'attends près d'une ruine, mais les personnages changent de direction. Je suis déçu de ne pouvoir les joindre ni leur parler. »*

Le décor de ce rêve ainsi que les personnages sont un peu tristes. Le rêveur se sent seul à cause de ses difficultés à communiquer avec les autres. Beaucoup d'échecs dans sa vie lui donnent le sentiment d'une « ruine » affective. Cependant, si ce rêve lui montre ce qu'il ressent, il l'invite aussi à se régénérer et à trouver d'autres comportements pour engager un dialogue avec autrui.

> *La soif*
> *« Dans tous mes rêves, le paysage est identique : un désert absolu, sans aucune végétation. Je commence par marcher puis, peu à peu, je me traîne par terre tellement je suis déshydraté. »*

Ce rêve invite le rêveur à se poser la question : « De quoi ai-je dans ma vie une soif intense ? De relations sociales, d'un sentiment amoureux, de considération, de suppression de conflits ? » Tous les domaines de la vie affective doivent être passés en revue afin de déterminer celui qui génère une telle soif, c'est-à-dire une grande aspiration, parce que les premières images du rêve (le désert, le manque de végétation) indiquent que la vie de ce rêveur et peut-être même son cœur sont desséchés.

6. Surveillance et culpabilité

L'un de nos comportements les plus fréquents est la culpabilité. Certains se croient coupables de tout. D'autres, à l'inverse, ne se jugent coupables de rien. Sans doute l'équilibre se situe-t-il entre ces deux extrêmes puisque le rêve fait si souvent intervenir le thème de la culpabilité pour nous inviter à examiner notre responsabilité dans ce qui nous arrive et dans notre relation aux autres. Ceux qui se sentent coupables se sentent également surveillés. Toutes les « figures » d'autorité, la police, le juge, le professeur, etc., mais aussi les images d'œil, de regard, apparaissent dans les rêves qui traduisent ce sentiment d'être surveillé et coupable, même si, bien sûr, on ne sait pas de quoi. Le regard des autres pèse lourd dans nos comportements et nos décisions. Que de fois décidons-nous de faire comme ceci plutôt que comme cela pour ne pas déplaire à nos parents, notre conjoint, nos amis ou nos collègues…

Exemples

> *L'examen*
> *« Dans tous mes rêves, je repasse le baccalauréat. Je suis au lycée. Mes notes sont mauvaises et j'appréhende l'arrivée du professeur car je sais qu'il va m'interroger au tableau et j'ai l'impression de ne plus rien savoir. »*

Le rêve montre que cette rêveuse craint le regard d'autrui. Elle a peur d'être jugée, examinée, notée, signe qu'elle éprouve un grand manque de confiance en elle-même qui paralyse ses capacités.

> *Le juge*
> *« Je suis inculpé de je ne sais quel crime et je dois passer en jugement. Quand le juge prononce la sentence, j'ai beaucoup de mal à garder mon calme. »*

Le rêve informe non seulement sur la peur du rêveur d'être jugé par autrui ou par une autorité supérieure (un collègue de travail par exemple), mais il donne, en plus, un conseil : cesser de se sentir coupable, et oser manifester ses sentiments, quitte à se rebeller.

> *Les policiers*
> *« Un commissaire de police et un autre policier en civil viennent m'arrêter dans ma chambre. Ils m'annoncent que mon mari m'a déclarée disparue. »*

Les personnages policiers indiquent un sentiment de faute : la rêveuse se sent coupable. Mais de quoi ? On peut penser qu'il s'agit d'une faute de fidélité puisqu'il est question à la fois de la chambre et du mari. Que ce dernier l'ait déclarée disparue exprime clairement que le sentiment d'amour qu'elle éprouvait pour lui l'a quittée. Sa mauvaise conscience s'exprime donc dans ce rêve.

7. Transformation et évolution

Toutes les images indiquant une transformation ou un changement sont très positives parce qu'elles témoignent d'une évolution chez le rêveur. Dans les rêves d'évolution apparaissent fréquemment les animaux qui changent de peau ou qui se métamorphosent, comme le serpent, la chenille, la grenouille, etc. De même, tous les végétaux qui passent de l'état de bouton à celui de fleur. Par ailleurs, ce type de rêve est souvent dominé par des images ayant rapport à la naissance et à une nouvelle vie (par exemple les rêves de grossesse) ou, au contraire, par des images de mort, la mort dans les rêves symbolisant un changement et une transformation du rêveur.

Exemples

> *Le cercueil ouvert*
> *« J'étais au cimetière, près du tombeau de mes parents. Tous les cercueils étaient sortis, celui de ma mère légèrement entrouvert. Sur un canapé étaient allongés le corps de mon grand-père et, à côté de lui, une petite fille très belle, bien habillée. Je dis qu'il me semblait impossible qu'elle fût morte. Elle me répondit : "Oui, je suis morte." »*

La fillette symbolise la rêveuse elle-même. Cette femme dans la vie se montre toujours si jolie, si élégante, que nul ne pourrait soupçonner qu'en vérité, au plus profond d'elle-même, ainsi qu'elle me l'a raconté, elle a vécu dans son enfance une expérience douloureuse qui l'a fait « mourir ». Il s'agit ici probablement d'un problème de relations dégradantes avec l'un des membres de la famille, si présente dans ce rêve.

> *L'accouchement*
> *« Depuis trois ou quatre ans, je rêve que j'accouche, quelquefois d'une fille, plus souvent d'un garçon, ou bien de jumeaux. Et à mon réveil, je me rappelle que justement, je ne peux pas avoir d'enfants à cause de problèmes de stérilité. »*

Ces rêves peuvent certes traduire le chagrin que la rêveuse éprouve de ne pas pouvoir avoir d'enfants. Mais ils offrent aussi le message qu'elle peut mettre au monde une autre sorte d'enfant, son enfant intérieur, sa personnalité profonde. C'est en s'appliquant à développer ses richesses intérieures qu'elle entamera une évolution personnelle.

> *La mutation*
> *« J'assiste à l'éclosion de gros insectes. Derrière moi, de petites grenouilles vertes sautent dans tous les sens. Dans le coffre de ma voiture, un gros ver de terre se transforme en serpent. »*

Le rêve contient un excellent présage pour ce rêveur. Il voit des animaux en métamorphose qui symbolisent sa propre transformation. Il est appelé à devenir autre en développant notamment son énergie vitale et sexuelle (le serpent).

> *L'œuf*
> *« Dans un sous-bois ensoleillé, je ramasse un œuf tout blanc. Il en sort un oisillon. On me dit de le jeter, mais moi, je lui fabrique un nid. »*

Voici un rêve prometteur ! Le sous-bois ensoleillé dans lequel la rêveuse semble se promener laisse entendre qu'elle traverse une période heureuse de bien-être. L'œuf, lui, est promesse de vie nouvelle : la rêveuse passe à une nouvelle étape de sa vie. Elle commence à se sentir libre : l'image de l'oisillon le confirme, l'oiseau étant symbole de liberté.

8. Le nettoyage

De nombreuses images de rêve invitent le rêveur à procéder à un nettoyage de ses propres comportements, en les modifiant et en les adaptant à une nouvelle situation. Il faut éliminer les éléments devenus inutiles à l'évolution personnelle : les conflits passés, les sentiments périmés, les histoires révolues, etc.
De nombreux traumatismes affectifs ont pu s'inscrire au fil des années dans la mémoire et dans l'inconscient : tous les rêves qui ont un rapport avec le ménage, la poussière, les toilettes, les WC, la salle de bains, la saleté, l'aspirateur, indiquent qu'il est nécessaire de passer un « coup de balai » dans la vie, de se libérer de quelque chose qui est devenu un déchet.

Exemples

> *Le bébé tout sale*
> *« Je me dirige vers la douche, portant dans les bras un beau bébé mais souillé d'excréments. Cela me salit et je marche dedans, mais ma bonne humeur n'en est pas entamée pour autant ! »*

Toujours bon signe dans les rêves, le cher bébé ! Il symbolise notre personnalité profonde, le Soi, qui commence à grandir. Ce rêve indique à la rêveuse qu'elle doit au préalable procéder à un nettoyage de ce qui peut, à ses yeux, apparaître comme salissant (mauvais souvenirs, comportements répréhensibles, sentiments négatifs, etc.). La douche représente le besoin d'une toilette intérieure, donc d'une prise de conscience. C'est le début d'une bonne évolution !

> *Les toilettes occupées*
> *« Je veux entrer dans des toilettes publiques, mais elles sont déjà occupées par d'autres femmes qui semblent très énervées. »*

Ce grand nombre de femmes énervées symbolisent les divers aspects de la rêveuse elle-même qui, en s'agitant en tous sens, lui font perdre le contact avec son être profond. Il lui faut apprendre à se libérer (l'image du cabinet) d'une émotivité excessive, d'une agitation superflue, notamment dans ses relations sociales et professionnelles (relations représentées par les toilettes publiques).

> *Le dépoussiérage*
> *« Je me trouve avec la grand-mère décédée de mon ex-mari. Avec le balai-brosse, j'enlève la poussière sur le drap du lit. Dans ce rêve, je suis enceinte alors que, dans la réalité, j'ai dépassé l'âge. »*

Il faut croire que la rêveuse n'a pas encore complètement « nettoyé » son divorce, du moins dans l'inconscient. Et pourtant, la grand-mère décédée confirme bien que cette histoire est morte. La poussière ne se trouve pas n'importe où, mais sur le lit, lieu de l'intimité conjugale et de la sexualité. Mais on trouve aussi dans ce rêve une image très positive et pleine de promesses : la rêveuse est enceinte.

Autrement dit, une nouvelle vie s'ouvre devant elle. Et c'est d'elle-même, de sa véritable personnalité, qu'elle pourra accoucher.

9. L'égarement

De nombreux rêves traduisent un sentiment d'égarement et d'épuisement : le rêveur ne sait plus où il en est, il fait fausse route, il se heurte à des obstacles divers, il se sent incompris et ne trouve pas d'issue à sa situation. De tels rêves surgissent souvent après avoir subi un changement fondamental dans la vie (divorce, licenciement, déménagement, etc.) : on a l'impression d'avoir perdu ses repères, d'être isolé et mis à l'écart, d'être coupé du monde extérieur. C'est donc un état de confusion et d'insécurité que traduisent les rêves d'égarement. On peut se trouver en rêve égaré en forêt ou en pleine ville, sur un parking ou dans un grand magasin... On peut également avoir égaré un objet précieux et, le plus souvent, son sac à main et ses clés. Le sac à main, où l'on range ses papiers, est en rapport avec l'identité personnelle et ce rêve insiste alors sur un sentiment de confusion passagère.

Exemples

> *La fille étrange*
> *« Je cherche ma fille, mais on m'empêche d'aller dans certaines pièces. Quand je l'aperçois, elle me paraît bizarre, presque anormale. Les autres aussi. On se serait cru avec des extraterrestres... Je commence à paniquer, je veux aller dans d'autres endroits, mais je ne trouve pas les boutons de l'ascenseur ni la sortie... »*

Un sentiment d'étrangeté habite ce rêveur : il ne sait pas où il en est dans sa vie, et particulièrement dans ses relations familiales ou conjugales (la fille, enfant du couple, donne cette indication). Il ignore surtout comment sortir d'une relation où il se sent étranger...

> *Les clés égarées*
> *« En sortant du supermarché, je trouve ma voiture, mais impossible de remettre la main sur mes clés. Je suis donc bloquée. »*

Les clés servent à mettre le contact pour démarrer. On comprend alors que cette rêveuse n'a pas la capacité, du moins pour l'instant, d'entrer en contact avec son énergie profonde et que son évolution est bloquée. La cause peut en être cherchée dans un moment de déprime, de découragement, de manque de projets et d'intérêt pour la vie. Ce que la dernière phrase semble confirmer : elle reste bloquée, elle ne tente aucune action pour se remettre en route (elle ne rentre pas à pied, ne téléphone pas à son mari, ne cherche pas une dépanneuse). Cette passivité souligne son sentiment d'épuisement.

10. Mensonge et vérité sur soi-même

« Soyez vous-même ! N'ayez pas honte d'être vrai ! » Voici un message très fréquemment délivré par les rêves. Ils tentent de vous dire de ne pas vous cacher derrière des personnages ou de ne pas jouer un rôle qui ne correspond pas à ce que vous êtes vraiment. Ils vous invitent à prendre connaissance de vous-même et à remplacer votre « façade » par votre vraie personnalité. La prise de conscience de soi-même est une condition incontournable pour l'évolution.

Dans ces rêves, le rêveur apparaît souvent masqué ou nu. Il est amené à regarder la vérité en face et à mettre la réalité en lumière, ce qui est exprimé par des rêves d'œil, de lunettes et de lumière. Par contre, le refus de prise de conscience de la vérité sur soi-même est symbolisé par des images d'ombre (malfaiteurs, cambrioleurs, etc. ; voir p. 64).

Quelquefois, des objets comme les livres ou les miroirs incitent également à prendre connaissance de soi-même (rappelez-vous le miroir dans le conte *Blanche-Neige*, miroir qui ne dit à la marâtre que la vérité).

Exemples

> *La lunette*
> *« Je suis à la campagne dans la maison de mon enfance. Je découvre au grenier une lunette astronomique et je décide de l'installer dans le jardin. »*

Le rêve commence par une image relative à l'enfance. La lunette invite donc cette rêveuse à regarder vers son passé, comme le confirment la maison familiale et le grenier. Parallèlement, il invite aussi à regarder vers le haut, c'est-à-dire, symboliquement, vers le futur. La présence d'un jardin, lieu où poussent les plantes, montre que cet examen de soi-même fera germer du positif.

> *Le miroir*
> *« Je me trouve devant un miroir. Ma tête tombe dans mes mains. Mon premier réflexe est de la remettre à sa place. Mais elle devient de plus en plus petite, comme chez les réducteurs de tête. »*

La tête, siège du cerveau, est considérée comme symbole du raisonnement. Autant dire que la capacité de cette rêveuse à raisonner, c'est-à-dire à se comporter de façon raisonnable, devient de plus en plus réduite. Le miroir ne fait que lui dire la vérité et lui donne un conseil : suivre son premier réflexe et garder la tête sur les épaules...

> *La nudité*
> *« Je sors de chez mon kinésithérapeute et me retrouve dans la rue. Soudain, je me rends compte que je n'ai plus de pantalon. Je ne sais plus où me mettre, mais personne ne s'aperçoit de rien. »*

La rue symbolise l'environnement social. Ce rêve parle donc du comportement de la rêveuse en société. Elle sort de chez un kinésithérapeute, un spécialiste du corps. Le rêve indique donc un problème d'image physique : elle pense qu'elle ne plaît pas aux autres, son corps la gêne. Le pantalon et les jambes nues semblent indiquer une difficulté dans le domaine sexuel. C'est là qu'elle doit se poser les vraies questions : pourquoi ne peut-elle vivre une relation physique et sans doute sexuelle à laquelle elle aspire ? Ne pas oser chercher et avouer la réponse lui procure un mal-être. L'expression « Je ne sais plus où me mettre » souligne sa difficulté à trouver sa juste place avec les autres.

Thème	Exemples d'images
1 • Valorisation	Star, vedette, président, applaudissements, mannequin, acteur, vol, chanteur.
Dévalorisation	Ne pas trouver sa place à table, vêtements inadaptés.
2 • Énergie vitale / Libido	Serpent (*kundalini*), perte de cheveux, perte de dents, perte de sang, blessure, feu, cheval, cochon, coquillage. Hôpital, maladie.
3 • Créativité et richesse intérieure	Argent (billets, monnaie), bijoux, trésor, mains, abeilles.
4 • Soumission	Collier, anneau, ceinture, aquarium, vol, cage, oiseau, remorque, incapacité à s'exprimer, tout ce qui touche à la gorge (chewing-gum, difficulté d'avaler, langue gonflée, etc.).
5 • Solitude	Manque de contacts. Images de froid (neige, glace, réfrigérateur, etc.), feu ou cheminée éteint, cendres, radiateur éteint. Mains, faim / soif.
6 • Surveillance, le fait d'être jugé par les autres. Culpabilité	Frontière, douane, passeport, gendarme, examen, note, caméra, œil, juge, tribunal.
7 • Transformation, évolution	Serpent, chenille, grenouille, grossesse, bouton de fleur, cuisine, œuf. Images de mort (cimetière, cercueil, etc.).
8 • Nettoyage	Ménage, dépoussiérage, toilettes, salle de bains, saleté.
9 • Égarement	Parking, rue, clé, des objets perdus (sac à main, papiers d'identité, etc.), perte de repères.
10 • Mensonge / Vérité	Œil, lunettes, lumière, masque, cagoule, nudité, phare, les images d'ombre (bandits, etc.), se connaître soi-même, livre.

Les rêves prémonitoires

Les rêves prémonitoires existent, c'est certain, mais tous les rêves inquiétants ne sont pas prémonitoires, heureusement !

Il faut se faire une raison : il est très difficile de dire à l'avance si tel ou tel rêve est ou n'est pas prémonitoire. Ce n'est qu'après que l'événement a eu lieu que l'on peut dire : « Je l'avais rêvé. » Ce n'est donc pas *a priori* mais bien *a posteriori* que l'on peut qualifier un rêve de prémonitoire.

Néanmoins, j'ai remarqué que certaines personnes semblent plus disposées que d'autres à faire de tels rêves. Elles vivent d'ailleurs cette « capacité » plus ou moins bien, car leurs rêves prémonitoires, on peut l'observer, annoncent plus souvent de mauvaises nouvelles que de bonnes... Mais pour en obtenir la preuve, il m'a fallu demander à plusieurs de mes correspondants de bien vouloir noter leurs rêves régulièrement afin que nous puissions, lorsqu'un événement survenait, retrouver le rêve qui l'avait annoncé. J'ai mené quelques expériences de cette façon qui m'ont confirmé l'existence des rêves prémonitoires.

Cependant, ceux-ci sont généralement beaucoup moins nombreux qu'on ne le craint. Car il est nécessaire que l'événement offre plusieurs points communs avec le rêve ou, plus exactement, que les images du rêve – y compris dans un ou plusieurs détails – coïncident avec la réalité. Pour juger du

caractère prémonitoire d'un rêve, on peut établir un certain nombre de critères :
– le rêve doit avoir été noté ou raconté à quelqu'un avant que l'événement ait eu lieu. Sans trace écrite ou sans témoin, il est impossible d'obtenir une preuve de la prémonition ;
– le rêve prémonitoire comporte peu d'éléments symboliques mais beaucoup d'éléments qui correspondent directement à la réalité. Le récit du rêve doit donc comporter des détails précis qui recoupent celle-ci. Ces détails peuvent être des couleurs, des situations, des objets, des visages, des lieux, des chiffres, des noms, etc. ;
– le rêveur ne doit pas avoir pu prendre connaissance de l'événement par un autre moyen que le rêve. Autrement dit, cet événement doit être totalement imprévisible et improbable. Rêver que votre grand-père va mourir alors qu'il est au plus mal depuis plusieurs jours n'est pas prémonitoire. Mais rêver que votre jeune cousine en parfaite santé meurt sur un lit avec une couette à fleurs est déjà plus improbable. Et lorsque, apprenant la nouvelle et rendant visite à votre famille, vous découvrez qu'elle repose en effet sur une couette à fleurs, ce détail qui excède le simple hasard permet d'affirmer que votre rêve était prémonitoire ;
– il faut aussi que l'événement rêvé soit rare ou exceptionnel. Rêver que l'on va recevoir du courrier n'est évidemment pas prémonitoire. Mais rêver que l'on reçoit une lettre timbrée d'Argentine sur papier jaune, par exemple, est déjà plus rare ;
– il faut enfin que le hasard, la coïncidence, ou tout désir caché du rêveur, ne puisse pas constituer une explication suffisante pour justifier les images du rêve.

Selon les observations de plusieurs spécialistes, le rêve prémonitoire a lieu le plus souvent vingt-quatre heures avant l'événement. Mais ce n'est pas une règle générale, la durée qui sépare le rêve de l'événement peut être très variable, de quelques heures à plusieurs mois. Disons qu'entre le rêve et l'événement, il peut s'écouler « quelques jours »... sans indications plus précises.
Le psychiatre américain Robert van Castle, qui s'est longuement penché sur les rêves prémonitoires, ajoute quelques observations intéressantes : ce sont les femmes qui en majorité font ce genre de rêves, et dans la plupart des cas, ces rêves concernent une ou des personnes qui sont en lien (et notamment en lien affectif) avec la rêveuse. Ce qui explique que les mères sont sujettes aux rêves prémonitoires concernant leurs enfants.
Ces rêves sont décrits comme étant particulièrement « intenses ». La rêveuse opère une distinction entre un rêve ordinaire et un rêve qu'elle pense prémonitoire. L'émotion y est si forte qu'au réveil, elle éprouve le besoin de prendre des nouvelles de la personne dont elle a rêvé. Lorsqu'ils sont angoissants, ils provoquent le réveil, si bien que la mémorisation est immédiate. On n'oublie pas ce genre de rêves.

Les rêves prémonitoires sont extrêmement « réalistes », sans les fantaisies oniriques, les incohérences habituelles. Le scénario en est mieux construit. Néanmoins, ils surprennent, ils intriguent puisqu'ils correspondent à un événement imprévisible.
Puisque le rêve prémonitoire est, de mon point de vue, assez rare, la grande majorité des rêves inquiétants répondront donc à une interprétation symbolique. C'est le cas des rêves de mort notamment. Rêver que l'on va mourir est symbole de changement, de transformation. Rêver de la mort d'un autre indique la plupart du temps que la relation à

cette personne doit être modifiée. Les rêves d'accident de voiture ou de noyade, très fréquents, sont presque toujours symboliques et rarement prémonitoires.
Enfin, certains rêves semblent se dérouler à l'heure exacte où l'événement a lieu. Comme si le rêveur percevait le dernier souffle de la personne mourante ou accidentée. Je qualifie ces rêves de « rêves d'adieu » et j'en ai reçu plusieurs témoignages poignants. Ces rêves sont à la fois télépathiques et prémonitoires[1].

---

1. H. Renard, *Les Rêves et l'au-delà*, Philippe Lebaud-Kiron, 2001. Pour s'informer sur les rêves prémonitoires historiques, on pourra lire *Les Grands Rêves de l'Histoire, hasard ou prémonition ?*, H. Renard et I. Garnier, Michel Lafon, 2002.

Les rêves érotiques

Les rêves parlent volontiers de sexualité, mais à leur manière particulière. Il faut distinguer les rêves que l'on qualifie d'« érotiques » des rêves d'amour et des rêves de sexualité « masquée ».

Les rêves érotiques sont liés à une excitation sexuelle toute naturelle qui provoque des images érotiques. Autrement dit, ce ne sont pas les images qui génèrent l'excitation mais, à l'inverse, c'est l'excitation physiologique qui fait naître des images. On sait que pendant ce type de rêve, le sexe est excité jusqu'à provoquer une lubrification ou une érection avec ou sans émission de sperme. Ces rêves-là ne comportent pas de symboles étant donné que le scénario en est presque inexistant. Ils se contentent généralement de montrer le sexe en action et l'on doit les comprendre comme le signe d'un bon fonctionnement de l'énergie sexuelle. Ils procurent généralement du plaisir et nul ne doit se sentir coupable d'en ressentir. La culpabilité est un phénomène de civilisation, de culture, d'interdits religieux, pas un phénomène naturel. Le rêve ne se référant pas à une morale, aucune scène ne peut être qualifiée d'immorale ou d'anormale. Se voir dans une relation sexuelle avec un ou une partenaire ne souligne pas un désir sexuel refoulé, mais montre au contraire que notre libido fonctionne bien. Il ne faut donc nullement s'en inquiéter et au contraire se dire : « Aujourd'hui, j'ai rêvé de mon énergie vitale, et elle allait bien ! »

Les rêves d'amour, eux, sont totalement différents puisqu'il n'y est généralement pas question de sexe. On peut en rêve ressentir un intense sentiment d'amour pour une personne sans que la sexualité ne soit mise en question. Cette personne peut être connue ou inconnue. On est évidemment plus troublé lorsqu'elle est connue. On se demande alors si on éprouve réellement un sentiment inavoué pour tel ou telle... Il faut plutôt considérer la personne que l'on aime en rêve comme un aspect de soi-même, une complémentarité à laquelle on aspire. C'est avec une autre partie de soi que l'on désire avoir une relation énergétique pleine et entière. Mais ce type de rêve traduit aussi une recherche d'affection. Je dis volontiers que les rêves d'amour sont bien souvent des rêves de manque d'amour. Car le rêve met en marche un mécanisme de compensation : puisque le rêveur souffre dans la vie d'un vide affectif, il compense dans ses rêves, en inventant une grande histoire d'amour. Lorsque la personne aimée est membre de la famille, le rêve peut indiquer qu'un rapprochement affectif est souhaitable.

Les rêves masqués. La plupart des rêves qui parlent de notre sexualité « s'avancent masqués » : sous des images apparemment banales, habituelles, sous des dehors très « innocents », ils utilisent des images qui reflètent notre fonctionnement sexuel, nos désirs et nos difficultés. Ainsi, il n'est pas rare que des images de carafe, caverne, cerf-volant, champignon, chien, chat, coquillage, éléphant, parapluie, sabot, tambour, tigre, vase[1] et bien d'autres encore parlent de notre sexualité.

---

1. Cette liste n'est donnée qu'à titre d'exemple, d'après les témoignages relatés par Tchalaï dans son ouvrage *Le Sexe des rêves, op. cit.*

La symbolique des couleurs

Pour toute couleur perçue en rêve, vous devez faire vos propres associations d'idées. Les indications ci-dessous vous y aideront. Que vous suggère la couleur rêvée ?

Blanc : il symbolise la pureté, avec ses connotations de clarté, de luminosité, de droiture, de justice, de bien, de joie, etc. Le blanc peut souligner votre aspiration à plus d'idéal, de spiritualité.
Dans la tradition, le blanc est la couleur du linceul et des spectres. Dans de nombreux mythes, le cheval blanc est associé à la mort alors que, dans la majorité des rêves, cet animal n'annonce pas un décès mais une profonde transformation de l'être.
Associé à la neige : idée de solitude, de froideur et de relations peu chaleureuses.
Associé à la robe de mariage : idée d'union nécessaire entre les diverses énergies qui vous animent.

Noir : le noir évoque le pessimisme, le chagrin, l'inquiétude, tout ce qui est sombre, obscur, triste, sournois. Aujourd'hui il peut évoquer la dignité, l'élégance, la discrétion, mais ce ne sont là que des significations passagères, liées à la mode. Dans l'interprétation d'un rêve, mieux vaut se référer aux significations traditionnelles.
La couleur noire dans le rêve permet d'identifier l'état d'esprit du rêveur, perdu, se sentant incapable d'opérer le bon

choix, déprimé, voire dépressif. Un personnage habillé en noir peut symboliser la part d'Ombre du rêveur[1], un mauvais comportement, un défaut.

Jaune : il renvoie au soleil, à la lumière, au printemps, à l'or, etc. Il peut être réchauffant, vivifiant ou aveuglant par son intensité. C'est une couleur au symbolisme ambivalent, qui peut être couleur d'énergie ou signe d'escroquerie. Le jaune désigne chez les grévistes la trahison, chez les moines bouddhistes le renoncement et dans la peinture du XVe siècle, Judas, le traître, est représenté vêtu de jaune.

Bleu : couleur de l'azur et du ciel serein, attribuée aux déesses (Isis, Déméter) et à la Vierge Marie, il indique à la fois la sérénité et la protection. C'est aussi la couleur du consensus, et donc de l'évitement du conflit.
Couleur de la mer, le bleu évoque l'infini et la profondeur. Il peut être clair et limpide, associé au froid (les glaciers paraissent bleus) ou à une tristesse nostalgique (« bleu à l'âme », « blues »).

Rouge : c'est la couleur du sang et du feu, de la guerre (Mars est le dieu de la guerre et sa planète est rouge), de l'agressivité (« voir rouge »), de la passion et de la sexualité. Le rouge est signe de force, d'énergie, de violence, de colère. Couleur d'un feu de signalisation, elle attire l'attention du rêveur et peut être ainsi un appel à la prudence.

Vert : il symbolise la régénération, l'espoir, la croissance. Dans certaines superstitions, le vert porte malheur. Tout

---

1. Sur l'Ombre, voir p. 64.

comme le jaune, c'est une couleur au symbolisme ambivalent, qui peut être couleur de la fortune ou de l'infortune, de la chance ou de la malchance. Le vert est donc lié au destin.

La couleur verte évoque la nature, la santé, l'écologie, l'hygiène, la fraîcheur, la jeunesse, la verdeur, la sève montant, le libertinage. Enfin, la permission est visualisée par un feu vert.

Quelques pistes de lecture

Les ouvrages sur les rêves sont nombreux. Ceux que j'indique ici sont parmi les plus utiles pour approfondir le sujet.

CHEVALIER Jean et GHEERBRANT Alain, *Dictionnaire des symboles*, Robert Laffont, « Bouquins », 1997.

FRANZ (VON) Marie-Louise, *La Femme dans les contes de fées*, Albin Michel, « Espaces libres », 1993. Et, d'une manière générale, tous les ouvrages de cet auteur, grande spécialiste des rêves et de l'analyse des contes.

FREUD Sigmund, *L'Interprétation des rêves* et *Le Rêve et son interprétation*, nombreuses éditions dont Gallimard, 1989, et PUF, 1999.

FUKS Paul, *Les Rêves*, Milan, « Les Essentiels », 1999. Petit résumé concis et clair.

HAMILTON Edith, *La Mythologie*, Marabout, 2003. Le plus accessible et le plus complet.

JOUVET Michel, *Le Sommeil et le Rêve*, Odile Jacob, « Poches O.J. », 2000. Pour une approche scientifique sérieuse.

JUNG Carl Gustav, *Sur l'interprétation des rêves*, Albin Michel, 1998. Il faudrait lire toute l'œuvre de ce « géant » de l'étude des rêves.

MARGUERITTE Yves, *Dictionnaire des rêves*, Éditions du Rocher, 1990. Peu de dictionnaires des rêves sont sérieux, celui-là est l'un des meilleurs.

MICHELET Sylvain, RIPERT Roger et MAILLARD Nicolas, *Le Livre des rêves*, Albin Michel, « Nouvelles Clés », 2000. Une excellente synthèse de toutes les approches concernant le rêve.

ROCHETERIE Jacques de La, *La Symbologie des rêves*, 2 t., « Le corps » et « La nature », Imago, 1988. Un grand classique sur la symbolique.

SALVATGE Geneviève, *Le Guide du rêveur*, Arista, 1989, et *Décodez vos rêves*, Presses Pocket, 1992. Une pratique issue de l'expérience.

TEILLARD Ania, *Ce que disent les rêves*, Stock, 1970, et nombreuses autres éditions.

Table des matières

Conclusion

Conception graphique : Marie Pinaux
Suivi éditorial : Myrtille Chareyre, Caroline Pajany

Composition IGS
Impression BCI en avril 2004
Editions Albin Michel
22, rue Huyghens, 75014 Paris www.albin-michel.fr
N° d'édition : 22291. – N° d'impression : 041593/1.
Dépôt légal : mai 2004.
ISBN 2-226-14985-6.
Imprimé en France.